恐惧感

如何消除你心中的不安

贾　宁◎著

花山文艺出版社
河北·石家庄

图书在版编目（CIP）数据

恐惧感：如何消除你心中的不安 / 贾宁著. — 石家庄：花山文艺出版社，2019.11

ISBN 978-7-5511-4891-7

Ⅰ.①恐… Ⅱ.①贾… Ⅲ.①恐惧－通俗读物 Ⅳ.①B842.6-49

中国版本图书馆CIP数据核字(2019)第184766号

书　　名：恐惧感：如何消除你心中的不安
Kongjugan：Ruhe Xiaochu Ni Xinzhong De Bu'an
著　　者：贾　宁

责任编辑：贺　进
责任校对：林艳辉
美术编辑：陈　淼
封面设计：王玉美
出版发行：花山文艺出版社（邮政编码：050061）
（河北省石家庄市友谊北大街330号）
销售热线：0311-88643221/29/31/32/26
传　　真：0311-88643225
印　　刷：清淞永业（天津）印刷有限公司
经　　销：新华书店
开　　本：170×240　1/16
印　　张：14
字　　数：200千字
版　　次：2019年11月第1版
2019年11月第1次印刷
书　　号：ISBN 978-7-5511-4891-7
定　　价：36.80元

前 言▶▷

恐惧是人类从祖先那里继承而来的情绪，经过了亿万年仍然存在。对于人类整体而言，恐惧是根深蒂固的、普遍存在的，所有人都无法摆脱。对于具体的个人而言，他一生中的不同阶段，会遇到不同类型的恐惧；在某一人生阶段的不同领域，恐惧的形式也会多种多样。

恐惧未必是坏的。哲学家伊拉斯谟曾说："我只能把毫不畏惧当作蠢笨的标志来看待，那绝不是勇敢。"恐惧的积极意义，是提醒人们更加谨慎和警惕，从而发现危险，避开危险。

恐惧是一种自我保护机制，以便恰当地应对危险。当这个自我保护机制失常的时候，人们就可能放大危险或者凭空想象出一些危险，在这种情况下，恐惧感就会侵袭我们的正常生活。扰乱生活的恐惧，是不良的、过度的、不切实际的恐惧。

当恐惧感影响了生活质量时，我们必须做出反应，以免它奴役我们的精神，肆意妄为地毁坏我们的幸福。

首先，要改变对恐惧的看法。有些恐惧，与人的不理性有关。如果心中总是不自觉地想着危险，行事就会如履薄冰，恐惧感会越发滋长。对抗恐惧，需要将心中错误的想法清除，让理性的、乐观的想法成为主导。美国思想家爱默生曾经说过：“知识是治疗恐惧的良药。”为了摆脱恐惧，就要了解关于恐惧的知识，改变对其神秘性和危险性的过高估计，弱化对恐惧事物的敏感，同时相信自己有战胜恐惧的能力。

我们需要重新审视自己在恐惧面前的做法。很多人在面对恐惧时，采取逃避的方式让自己获得一时的安宁，这种做法不但无法从根本上克服恐惧，反而给恐惧感增强创造了机会。战胜恐惧的最好方法，就是正视它、直面它、挑战它。我们应该有计划、有步骤地接近令人恐惧的事物，去发现这些事物的真实面目。你会发现，它并没有想象中那样狰狞可怖；你将学会与危险和平共处，直至化解它们。你不会再总是惴惴不安，而是能够恢复正常、平静的生活。

目 录 ▶▷

第一章

担惊受怕的人，不止你一个

恐惧无处不在、无时不在

当你面对自己害怕的事物时，有没有想到这样一系列问题：我的恐惧是正常的吗？只有我感到害怕吗？我会一辈子这样吗？别人也是如此吗？以前的人都害怕什么？实际上，恐惧并不是只光顾一个人，或者在一段时间内出现。恐惧发生作用的地方不限于某个人，也不限于某段时间。

人类面对诸多种恐惧。我们可以历数一个人从出生到死亡将要经历多少恐惧。

婴儿时期害怕与母亲分离；到了上幼儿园和小学的年纪有学校恐惧症，期末考试后害怕自己的成绩不好；在儿童阶段，可能怕蛇、怕虫子，这些恐惧在成人以后还可能继续存在。

成年人因为生活范围比较大，所以可能有更多的恐惧，就社交恐惧来说，几乎每个人都与这种恐惧沾边；工作压力大的时候害怕加班，突然闲下来的时候又会害怕没事可做；到了结婚的年纪还可能患上婚姻恐惧症；生病和年老的时候害怕分离和死亡。

这些恐惧几乎是每个人都要经历的，然而可能有一些人因为各种原因，恐惧的对象要比上面提到的还要多。有些恐惧是大自然赋予我们的，例如：风雨雷电、黑夜、火山地震等灾害；有些恐惧是我们自己强加给自己的，比如：对新事物的恐惧，对未来的恐惧，对不存在的鬼神的恐惧，害怕被歧视等。从这里可以发现，恐惧伴随人的一生。

恐惧和疾病一样，都是有时代性的。人们在刀耕火种的时候，肯定很少患上高血压；卫生条件比较差的时候，人们经常受瘟疫和各种传染病的折磨，如今的卫生条件好了，人们开始患上那些不太容易医治的“高级”的疾病。恐惧也是如此。

人们在原始社会的时候，可能害怕大型凶猛的食肉动物，害怕被饿死，害怕遇到有毒的动植物。不过在现在的环境中，如果不是去动物园或者森林，基本上看不到真的老虎，老虎给人的恐惧自然就小了。古人认为日月食都是不祥的征兆，因而感到极端的恐慌，但现在大家都知道这是正常的天文现象了，基本没有人感到害怕。

在20世纪，一些疾病的宣传比较多，所以有了“艾滋病恐惧症”这样的词汇。当人们在地震面前无能为力的时候，对地震的恐惧非常严重，但像日本这样的国家，经常有地震发生，日本人民应对灾难的经验增加了，在地震来临时懂得如何保护自己，所以他们对地震的恐惧要小一些。面对如今紧张的生活节奏和巨大的工作压力，幽闭恐惧症的人多了，社交恐惧症的人多了。

在没有手机的时候，何谈手机恐惧症，然而现在对手机恐惧的情况是非常普遍的。从这些形形色色的恐惧中可以发现，生活中存在的危险事物可能成为我们恐惧的对象，但随着知识和能力的增长，这些恐惧逐渐不具备恐惧的性质了。与此同时，新的恐惧也因为社会环境的变迁而产生。也就是说，某一种恐惧可以消失，但新的恐惧也将出现。人们根本不能将所有的恐惧都消灭。

恐惧不因为谁是普通人而多加光顾，也不因为谁是名人、伟人而却步。曾经有一位纽约市市长，在市民面前表现得无所畏惧，但他说他学习踢踏舞的时候特别害怕。一位经常出现在公众视线中的人害怕踢踏舞，似乎是一件不可思议的事情，但这却是事实。还有一些在人类历史上留下重要足迹的人，也有他们自己所害怕的事物……

可以毫不夸张地说，恐惧感是人永远也不能摆脱的情感之一。人总要面对危险，面对挫折，在失意的时候感到痛苦和恐慌，感到紧张和不安。恐惧有的时候是人的天敌，他摧毁人的身体和精神；有的时候又是人的保护者，让人们戒备危险，提前做好准备。

什么是恐慌

恐慌是人的一种身体反应。每个人都有过身体不舒服的经历，比如在人多的地方感到窒息和眩晕。但这种身体不适感基本都是一时的，只要做好自我调节，或者适应了环境，不适感很快就会自行消失。但如果过分地关注自己的身体感受，就会有很多不切实际的担忧，本来只是轻微的眩晕，就可能联想到晕厥、休克、死亡等。然后就会感觉到自己的身体越来越不受控制地压抑，此时的身体感受就可以称作恐慌。恐慌感可能因为某种特殊的条件而产生，比如在不安全的地方、在拥挤的地方。即使是在安静的状态下，恐慌感也可能发作。恐慌的经历几乎在每个人身上都出现过。

恐慌症是指人在一定时期内有特别强烈的不舒适的感受。当恐慌反复发作，并且影响到生活的时候，就可以称作是恐慌症。恐慌症主要反映在人的身体感受上，是身体感受的恐惧症。这种疾病比较普遍，并且不容易消失。恐慌的身体表现主要有：心跳加速、出汗、呼吸困难、胸闷、恶心、感到麻木或者刺痛、脸色潮红、感到寒冷、有晕倒的感觉、头痛等。

引起恐慌的第一个原因是过度在意自己的身体反应。人在某些场所会感到身体有轻微的不适，这属于正常现象，没必要将身体的感受看得特别重要。但有的人过于重视自己的身体健康状况，哪怕一点微小的不适也不放过，经常怀疑自己病了，就有些小题大做了。这些人知道如果对自己的身体过度关注会感到不适，但却不能完全不顾自己的身体反应。在他们看来，如果一直关注自己身体的不适，就感觉自己始终处于疾病状态。如果对身体的关注是间断性的，会感觉自己是一点点地病倒了。显然后者要比前者更能让人接受。

当人身体的化学平衡发生变化时，人们就会感到莫名其妙的害怕。比如，如果喝了太多的咖啡时，恐慌感就比较容易出现。

人在感到恐慌的时候经常有喘不过气来的体验。实际上，空气中的氧气足够人们呼吸了，这种感觉只是人的身体做出了假的警报。空气的主要成分是氧气、氮气、二氧化碳和其他杂质。人们呼吸的时候吸入氧气，排出二氧化碳。如果空气中氧气足够，人们就可以正常地呼吸。人的神经系统有检验空气中的氧气是否够量的功能。如果发现氧气不足就会发出警报。但对于经常感到恐慌的人来说，他们感受氧气含量的神经过于灵敏，只要空气中氧气的含量有一点变动，神经系统就会发出警报。当呼吸系统接收到了氧气不足的信号时，就会频繁换气以保证充足的氧气，同时还会感到窒息和不安。

恐慌主要是一种身体感受，摆脱恐慌的感觉就是要减少对身体反应的关注，将注意力转移到其他事物上。告诉自己，身体的不适很快就要过去，不会患上重大疾病。多做几次深呼吸，改变换气过度的状态。肌肉放松训练是恢复身体的最好方法，包括握紧——放松拳头、拉紧额头肌肉、咬牙——放松、弯腰、拉紧腿部肌肉等放松方式，这些动作能够让身体的不舒适很快消失。

无中生有的“恐惧症”

从大脑控制恐惧的原理可以发现，恐惧是人们遇到危险时的本能反应。虽然恐惧是一种负面情绪，但它有一点好处，就是向人们发出危险的警报，告诉人们应该采取措施应对危险了。当危险消失后，警报应该到此结束，恐惧感就应该消失了。

过度的恐惧就像是功能紊乱的警报系统。当危险不够强大或者不足以对人造成威胁的时候，恐惧也会拉响警报。例如，有一根绳子在地上，被误以为是一条蛇，人也会感到恐惧，甚至对弯曲在地上的任何东西都感到恐惧。这种恐惧就是过度的恐惧了，一是将危险的底线定得太低，二是发出危险警报太过频繁，属于“草木皆兵”和“一朝被蛇咬十年怕井绳”的结合。

警报系统失灵的另一个表现是警报解除得太慢。正常的恐惧应该随着危险的消失而在短时间内消失，但过度的恐惧却要在很久之后才消失，而且恐惧的反应非常强烈。

例如，在去动物园看动物的时候，突然被一声巨吼吓到了，回头发现一只老虎在嘶吼，这个时候可能会感到恐惧。但随之发现老虎被关在笼子里，自己没有被老虎撕碎的危险，因而恐惧感就不那么强烈了，随着观赏的进行，发现老虎并没有想象中的那样可怕，恐惧感很快就消失了。这属于正常的恐惧。过分的恐惧是：听到老虎的吼声以后，被吓了一跳。看到老虎的时候，恐惧感很快就上升，甚至到了不可控制的地步。即使发现老虎被关在笼子里，不会对自己造成伤害，但仍止不住害怕，出现浑身发抖、手心出汗、心跳加快等生理反应。

恐惧症患者的恐惧程度要比过度恐惧的程度还要高一层，一般要满足这样几个条件：极力回避恐惧刺激；个人感受到明显的痛苦；恐惧感不受控制；个人的生活受到严重影响，进行生活规划时需要考虑恐惧的事物；恐惧感的来临与是否遇到恐惧的情境无关，因为恐惧感的来临几乎是无条件的。

比较强烈的恐惧让人对恐惧刺激采取回避的对策，但条件不允许的时候，人们也会勉为其难地面对恐惧，有的时候还可以表现得和正常人一样。比如，一个恐惧老鼠的人，可能不想看到老鼠的图片，不希望看见真正的老鼠，但有一天他需要去仓库搬东西，那么不管他多么不希望见到老鼠，他都会去仓库，如果在仓库中遇到老鼠，他会毫不留情地将它打死。

但恐惧症患者绝对不肯去仓库，如果非去不可，他会在仓库中寻找老鼠的影子，以确保仓库中并没有老鼠。假如他看见了一只老鼠，他的恐惧感可能强烈到他不能做其他事情的地步，并且感到非常痛苦。在看到老鼠以后，他会选择尖叫或者逃跑，根本想不到打死老鼠。

如果恐惧感对生活不造成影响，那么就称不上恐惧症。

比如一个对驾驶感到恐惧的人，如果他生活在一个基本没有公路、车辆无法通行的地方，他根本没有驾驶的机会，那么他对驾驶的恐惧就称不上驾驶恐惧症。

如果对于一个经常需要出差而又需要坐飞机的业务员，他害怕乘坐飞机，宁可浪费时间坐火车也不愿意坐飞机，这让他丧失了很多即将成功的订单，此时恐惧已经对他的工作造成严重干扰了，这种恐惧就称得上是飞行恐惧症了。

有些人对社交感到恐惧，总是寻找注视自己的目光，这让他无法融入与人的交流中，这种恐惧就已经达到恐惧症的级别了。

恐惧症是无条件的，与是否遇到危险的情境没有关系。例如，一般的恐惧大多是在危险的情境中才产生的，害怕蛇的人在看到蛇爬向自己的时候感到恐惧，但看到落荒而逃的蛇不会感到恐惧。对于雷电恐惧症患者，他们在不打雷的时候仍然对雷电有恐惧心理，甚至不敢想象雷声、不敢看与雷电有关的电影，不能忍受一闪即逝的强光。

此外，正常的恐惧会随着与恐惧对象的不断接触而减弱或者消失，但恐惧症患者每次遇到恐惧的事物时，他们的恐惧感都会上升。害怕在公共场合说话的人经过多次训练以后，就可以适应在公共场合说话，但社交恐惧症患者却一直避免在人多的场所说话，每次在众人面前讲话都会有脸红、紧张、磕巴、浑身发抖等。他们的这些反应加剧了他们“不能在人多的地方说话”的想法。

相对于抑郁症等其他心理疾病，恐惧感和恐惧症是非常普遍的。正常的恐惧几乎在每一个人身上都能找到。在成年人中，有一半人的恐惧水平属于过度恐惧的范围。这些感到过度恐惧的人中，有25%~50%已经达到了恐惧症的程度。美国的调查显示，有12.5%的人患有特殊物体恐惧症。

这些数据的调查范围虽不能说明全部人口过度恐惧或者患恐惧症的比例，但足以说明一个问题：恐惧是一种正常的心理反应，并不是一件难以启齿的事情。过度的恐惧也比较普遍，但不能说所有的恐惧都是恐惧症。如果发现自己对某种事物感到恐惧，不能轻易地认为自己患上了恐惧症。只有那些不切实际的恐惧才能称得上是恐惧症。

你属于“恐惧症”易感人群吗？

虽然恐惧感是一种非常普遍的心理，但恐惧感和恐惧症更加“青睐”某些群体。从人的生理角度看，那些脆弱的人比较容易患上恐惧症。社会文化作用，使得女性比男性更容易患恐惧症。此外，生活环境不同的人，可能患上某种特定的恐惧症。

科学家们发现，哺乳动物中总是存在一些脆弱的群体，比同种族的其他动物胆小。有 20% 的加勒比猴子比它们的同伴容易受惊。人类中也存在类似的现象，一些婴儿在将近两岁的时候胆小，他们中的 75% 可能在 7 岁的时候仍然胆小，这些人长大以后患上社交恐惧症的可能性要比同龄人大得多。这些容易患上恐惧症的脆弱群体，并不一定都是天生的胆小者，他们有的只是情绪过于敏感。

心理学家发现总人口中的 20% 属于有“敏感”的体质，他们对各种刺激产生反应的底线比较低，因此在他们身上很容易形成条件发射，而且条件反射一旦形成就难以消退。敏感并不是一个贬义词，而是说这个群体对情绪的反应比较敏锐。科学家们对一个群体做了三年的跟踪调查后发现，对焦虑情绪敏感的人患恐惧症的概率是平常人的五倍。

不管在什么恐惧症面前，女性都比男性数量多。女性患上某种动物恐惧症、暴风雨恐惧症、水的恐惧症的数量是男性的三倍多。除了呕吐恐惧症和恐高症患者没有明显的性别差异外，其他恐惧症患者都多见于女性。

有的心理学家从体制和有利于进化的角度解释这种现象，在原始社会中，男性负责打猎和争夺食物，如果男性过于懦弱，经常表现得过于恐惧，没有能力，他以及他家人的生存就会受到威胁。女性不需要参加过于暴力的活动，因此不需要面对诸多的恐惧。长久下去，男性在面对恐惧时要比女性镇定得多。

从心理学角度分析，女性比男性更容易感到恐惧的原因有两点，一是女性属于情绪敏感的群体。女性情绪的敏感让她们过多地猜疑和思虑，很容易出现情绪性障碍，患上恐惧症的概率要大一些。二是社会文化将女性培养得更容易感到害怕。在两岁以前，儿童情绪的性别差异并不大。但在儿童三岁的时候，父母就开始有意识地培养孩子的社会性别了。在成人眼中，男孩子应该是勇敢而刚强的，必须具有大胆的品质；女孩子是温柔的，表现出害怕并不是一件丢人的事。

当男孩看到蟑螂而感到恐惧的时候，父母会教育他：“男子汉大丈夫，怎么连个蟑螂也怕！”父母鼓励男孩勇敢地面对恐惧、战胜恐惧。但同样的情形放在女孩子身上，父母的态度可能就变了，他们安慰自己的女儿：“不怕！不怕！我们离它远远的！”因此女孩被培养得胆小、不敢面对恐惧。

一般来说，如果父母看到自己的儿子表现得“天不怕、地不怕”，会表现出赞许；看到女儿过于胆大，甚至会感到担忧；看到男孩胆小害羞，会表现出失望；看到女孩害羞，则表现得比较宽容。也就是说，人们长期以来对男女社会性别的认识培养出了胆大的男孩和胆小的女孩。

除了体制和性别因素外，恐惧症对一些特定的性格表现得“情有独钟”。例如，过于追求完美的人容易患上社交恐惧症。因为他们无法容忍自己表现得不好，在与人交往的时候过于注重自己的行为，以至于长久发展下去形成了害怕见人的性格。自卑、缺乏自尊、不够自信的人也是社交恐惧症患者的一大来源。不管哪一种恐惧症，那些进行灾难化思考的人，也就是凡事总往坏处想的人都是恐惧症患者的一大“来源”。

有灾难化思维的人总是善于发现危险，虽然他们发现的危险本身构不成威胁。例如，这些人看到狗，就想到被狗咬，虽然他从来没有被狗咬过，虽然他所看到的狗只是一只小型宠物狗。

进行灾难化思考的人经常主动搜集可能让人感到恐惧的资料，并且只关注资料中提到的危险的那一部分内容。比如，有这样一则新闻，商场的一部自动电梯突然发生了事故，现场曾一度恐慌，但没有人员伤亡。进行灾难化思考的人会关注“突然发生事故”这部分内容，从此认定电梯是不安全的，所以不要坐电梯，最好不要去逛商场。“没有人员伤亡”这部分内容则被他们有选择性地忽略了。

灾难化思考的人将精力放在“灾难”有多恐怖上，而且认为自己在“灾难”面前是无能为力的。例如，一名求职者在面试中发现面试官总是故意找碴，他就反复思考面试官为什么这么不善，至于怎样回答问题，则是他没有及时考虑到的。

至于哪些人容易对某一种特定的事物产生恐惧，或者患上某一种恐惧症，与他们的生活环境有关系。

需要每天乘电梯的人有对电梯产生恐惧的可能。经常加班、工作压力比较大的人可能患上节后恐惧症或者假日恐惧症。沉溺于网络，在现实生活中，缺面对面交流的人有可能患上社交恐惧症。女性和老年人容易对年龄产生恐惧。这些恐惧感的产生是比较有针对性的，如果没有生活在特定的环境中，与这些事物没有交集，就没有产生恐惧感的可能。

另外，当人突然受到沉重的打击时，例如亲人离世、与人发生了非常不愉快的争吵、被人给了特别差的评价，心理承受能力可能会变弱，是比较容易产生恐惧感的时间。

恐惧，也有各种花样

恐惧症可以简单地表述为不切实际的、非理性的恐惧。人们恐惧的对象非常多，因此出现了形形色色的恐惧症。心理学家根据人们恐惧的对象，将恐惧症分为三类，分别是特殊恐惧症、社交恐惧症、广场恐惧症。另外，还有一些比较有“创意”的恐惧症，属于新发现的恐惧症，我们将它们统称为“其他恐惧症”。

特殊恐惧症的恐惧对象是某一种具体的事物。对猫、狗、老鼠、蝙蝠、蟑螂等的恐惧可以称为动物恐惧症；对风雨雷电等的恐惧可称之为自然现象恐惧症；特殊恐惧症还包括幽闭恐惧症、交通工具恐惧症等。在所有的恐惧症中，特殊恐惧症对人的伤害是最小的，因为人们可以通过避免与恐惧对象的接触而保持正常的生活状态。美国的一项调查显示，这类恐惧症的女性患者的数量要比男性患者的数量高很多，一般在青春期或者成年早期发现。

特殊恐惧症的特点比较明显，主要是过分夸大对所害怕事物的恐惧感，人在恐惧时的生理反应非常强烈，在心理上习惯于忽略令人感到安全的事物，过分关注令人感到不安的事物等。

社交恐惧症是一种非常广泛的恐惧症。一项调查显示，社交恐惧症的终身患病率为3%~13%。社交恐惧描述的是在交往中感到的紧张、焦虑、担忧等情绪。根据在社交中的不同表现，还可以分为赤面恐惧症、余光恐惧症等。社交恐惧症对人的危害非常大，社交恐惧症患者逃避社交，这让他们失去了一些朋友，同时也不利于心理健康。

广场恐惧症是指在公共场合或者开阔的地方停留的极端恐惧。广场恐惧症患者不敢去人多或者空旷的地方，这对他们的生活同样造成一定的障碍。

以上这种分类方法是心理学家比较认同的分类方法。心理学家对这些恐惧症的原因、症状、克服方法研究得比较透彻。但随着人们的生活越来越丰富多彩，人们产生了一些新的恐惧感，发现了新的恐惧症，这些恐惧感和恐惧症与人的生活关系密切。

移动信号消失恐惧症是由英国科学家发现的。生活在当代的人们已经离不开手机了，人们处在移动信号没有覆盖的地区时会感到恐慌。这位科学家发现，有一半的英国居民有这种恐惧症。

无手机恐惧症非常常见。捷克心理学家发现，85%的16~65岁的人拥有手机，手机在通信中的地位非常重要。现在的移动网络越来越发达，让人们对手机的依赖有增无减。没有手机将给人造成很大的困扰。人们担心手机突然断电，害怕手机突然信号中断，担忧有未接的来电和未查收的短信。种种迹象表明如果没有手机，人们会感觉自己的生活将要变得一团糟。手机恐惧症可以理解为害怕突然离开手机的恐惧。

掉头发也能成为一种恐惧症。这种恐惧症已经在希腊发现。患有这类恐惧症的人非常担忧自己的头发脱落。如果看到掉在衣服上或者地上的头发，他们就会感到恐慌。这种恐惧可能与人们承受的巨大压力有关。

镜子恐惧是一种对个人内心的恐惧。患有这种恐惧症的人害怕看到镜子，同时也害怕看到镜子中的自己。心理学家认为，这些人之所以不敢照镜子，可能是不敢直视自我的表现，他们害怕将自己暴露出来，所以极力回避镜子中的自己。如果这种症状得不到医治，有可能形成自我封闭。

患失眠恐惧症的人大多是一些需要承受巨大压力的人群。例如，高三的学生面对高考的压力，大四的学生面临找工作、考研、考公务员的压力，都市中的白领面临的压力更多。在诸多压力袭来的时候，这些人有过一次或几次失眠的经历，从而对自己能否睡个好觉异常担忧。在不断的心理暗示下最终形成了恐惧症。本来只是偶尔的失眠，最终形成经常性的失眠，不但入睡困难，而且在睡觉的时候容易惊醒，半夜出虚汗。白天工作或者学习的时候变得焦躁、容易发怒。

密集物体恐惧症已经变得越来越常见了，这个名称是在2005年被确认的。患有这种恐惧症的人对凹陷的密集物体、平面的密集物体、突出的密集物体都会感到恐惧。所以，莲蓬头、蜂窝煤、蜂巢、密集的昆虫群都是他们避讳的。有的人甚至连Word文档中的省略号或者点号也无法忍受。实际上，这些密集的物体并不一定恶心，但他们在看到以后还是会感觉到头晕目眩，这可能与他们神经过于敏感有关系。

以上这些恐惧症是比较常见但不能称得上稀有或者奇怪的恐惧症。有一些新出现的恐惧症却显得匪夷所思。例如：胡须恐惧症、黄色恐惧症、婆婆恐惧症、午饭恐惧症、过马路恐惧症、好消息恐惧症、跌倒恐惧症、冲动行为恐惧症、穿衣恐惧症、高科技恐惧症、长单词恐惧症、吉祥物恐惧症……这些恐惧虽然都冠上了“恐惧症”的名头，但它们实际的破坏力未必达到恐惧症的标准，只是人们的生活因此而受到了一定程度的影响，所以才给了它们“恐惧症”的头衔。

第二章

恐惧不一定是坏事

恐惧容易引发身心疾病

恐惧是一种人们非常常见的情感和情绪，正常范围内的恐惧对人的危害并不大，夸张的恐惧可能对人造成非常严重的影响。强烈的恐惧感困扰人的精神，让人患上精神性疾病。恐惧和恐惧症可能让人患上身心疾病这一点已经被医学研究证实了。严重的恐惧症可能让人有自杀的倾向。

人在恐惧时伴有很强的焦虑性情绪，这就很有可能发展成焦虑症。强迫性恐惧可能发展成强迫症，过于担心自己的恐惧情绪可能患上抑郁症，这都是由恐惧导致的精神性障碍。

疑病也有可能是由恐惧情绪发展而来的。人们对于自己恐惧的事物总是有躲避的倾向，当处在一个陌生的环境中时，经常怀疑这个环境是不是隐藏着令自己害怕的事物。此外，人在恐惧之下会有多种多样的身体反应，过分关注自己这些生理反应的人就会怀疑自己患上了某种疾病，比如当人在恐惧的状态时，可能会感到心跳加快、呼吸急促，他就会想到“我是不是患上了心脏病”或者“我怎么感觉自己有了哮喘的迹象”。越是在意自己的身体感受，就会越来越担心自己患上了重病，因此便去医院检查，经过检查后发现，没有患上自己所担心的疾病。但心跳和呼吸异常是切身感受到的，因此便怀疑医院的检查不仔细，从而经常求医，但检查结果始终显示没有患病。

除了精神性疾病直接与恐惧有关以外，身体上的疾病也与恐惧有关。人身体在恐惧时的不舒适被称为植物神经功能紊乱。主要表现有：出汗、肠胃不适、呕吐、腹泻、胸闷气短、大小便失禁、头痛、头晕、心烦等。另外，人身体的免疫力可能因为恐惧而下降。即使恐惧的情境过去以后，人们再次回忆当时可怕的事物时，同样可能出现身体上的不适或者疾病。很多被恐惧严重折磨的人，经常有“一死了之”的念头，有的社交恐惧症患者就选择了自杀的方式解脱。

在恐惧感最严重的时候，人们甚至会死亡，不过这不是自杀，而是被吓死的。契诃夫有一个短篇小说名叫《一个小职员之死》，里面讲到一个小职员是怎样死于自己的恐惧之下的。

故事的主人公名叫切尔维亚科夫，是一个小职员。在一次看戏的时候，切尔维亚科夫看到有个老头在擦脖子，嘴里还骂骂咧咧的，他认出来了这是一个在交通部任职的三品官。切尔维亚科夫感觉是自己的喷嚏飞溅到人家的身上了，本着礼貌的原则，他前去道歉。走过去以后，切尔维亚科夫贴着那名官员的耳朵说：“对不起，请您原谅我，我刚才打了个喷嚏，可能溅到您身上了，请您不要介意……”官员说：“没关系，没什么大不了的。”

此时，切尔维亚科夫认为对方没有原谅他，因此再一次诚恳地道歉：“请您一定要原谅我，我不是故意的……”这名官员感到不耐烦，于是大声说道：“你快坐下看戏吧，不要再说了！”切尔维亚科夫的惶恐感不断上升，他认为这名官员一定记恨他，自己的前途一片黑暗。

回到家以后，切尔维亚科夫将这件事告诉了妻子，妻子认为他应该在上班的时候到官员的办公室去道歉，切尔维亚科夫赞同妻子的看法。

第二天是上班的日子，切尔维亚科夫来到了官员的办公室，对那名官员说道：“请您一定允许我诚挚地向您道歉，昨天的事我不是故意的，看在上帝的面子上……”官员打断了他的话，因为官员的下属在汇报工作，被下属们知道上司被唾沫溅到会让上司很没面子，所以官员愤怒地向切尔维亚科夫大吼：“你不要再道歉了，我已经知道了，我已经原谅你了，现在请你立刻出去！滚！”切尔维亚科夫认为官员还是没有原谅他，否则怎么会对他态度如此恶劣？于是他决定第二天在没人的时候再次去道歉。

果然，到了第二天，切尔维亚科夫又出现在办公室了，他非常卑微地说：“对不起，大人，那天的事情是我不对，我已经深深地反思了，我太鲁莽了，我有失绅士的涵养，请您一定要原谅我……”这个时候，官员已经认为自己的忍耐力到达了极限，从来没有见过这样难缠的人，于是把切尔维亚科夫轰走了。

官员的行为让切尔维亚科夫确信，自己仍然没有被原谅，于是他几乎每天都找机会去道歉。一个星期以后，当切尔维亚科夫在办公室道歉的时候，这名官员被他折磨够了，于是将桌子上的文件甩在切尔维亚科夫身上，并让几个卫兵将他拖出去。在回家的路上，切尔维亚科夫认为他的心碎了，他彻底得罪了那名大人，艰难地向前迈着沉重的步子。到了家里以后，他一头倒在沙发上，然后……死了。

小说对故事的叙述可能有夸张的成分，但在现实中，人在恐惧之下精神备受折磨，当人的精神被折磨到极限的时候，就已经濒临死亡了。所以，极度的恐惧导致死亡是存在的。

会害怕，才会更好地应对危险

恐惧既是一种生理反应，也是一种心理体现。无论从生理上，还是从心理上，恐惧都能帮助人们应对危险的事物。恐惧让人警惕危险，让人积累应对危险的知识。从恐惧的这个功能看，“害怕”“胆小”这些词不能单纯地看作是贬义词，它在无形中增加了人类存活的可能性。

虽然很多人都认为面临危险无所畏惧是非常难得的，但科学家们发现面临危险时表现得恐惧一点儿并不能和懦弱画等号。

恐惧是一种自我保护的方式。加拿大多伦多大学心理学系的专家们曾用实验说明了这一点。实验人员让这些大学生模仿恐惧的表情，学生们努力做到隆起眉毛、睁大眼睛、张开鼻孔。通过各种仪器测量，心理学家发现，恐惧的表情在发现危险和应对危险方面有着很大的优势。

当人睁大眼睛时，眼球转动的速度会加快，这意味着人的视野变得更加广阔，可以看到更大范围的事物，能够快速地察觉到危险的事物。当人的眼睛突出时，看清事物的细节变得更加容易，方便人们判断某一事物的危险程度。此外，当鼻孔张开时，有更多的空气可以流入肺部，让人体的各个器官做好应对危险的准备。心理学家的这种发现说明，当人处于恐惧状态的时候，能够及时发现危险，并且能迅速地找到躲避危险的地方，或者做出其他的反应。

另外，人在恐惧时还有其他的一些生理反应，这些生理表现都可以帮助人们应对危险的事物。一般人产生恐惧感是因为他们感觉有危险向自己逼近。

当人处于恐惧状态时，血管会收缩，因此将有更充足的血液流向心肌；人在恐惧时的肌肉要比平时绷得更紧，这让人用力量充沛的状态对抗敌人；人的肺因为平滑肌放松而获得更多的氧气；当人面对危险的时候，消化系统可能暂时派不上用场，它们将自动关闭，将更多的能量输送给需要“干正事儿”的运动器官。

人体的这些生理表现都是为了将主要精力用于处理眼前的危险，无论是选择逃跑，还是上前对抗，人因为恐惧而产生的这些反应都让人做好了充分的准备。因此，从人恐惧时的各种生理反应可以看出，恐惧有利于人类生存。

人们之所以对某种事物产生恐惧心理，是因为人们认为这种事物是危险的，对自己造成了威胁。例如，很多人害怕蛇，是因为怕被蛇咬；对鲜花或者食物恐惧的人就比较少，因为在大部分情况下，这些东西不会对人造成伤害，甚至让人感到心情愉快。因此，在识别危险、远离危险等方面，适当的恐惧对人是有好处的。

适当的恐惧能够让人及时发现身边潜在的危险，让人不会因为过于大意而受到伤害。有名游客想要登上山顶，他要经过一段陡峭的山路。如果这名游客有轻微的恐惧感，他可能在行进中谨小慎微，保持高度的警惕，这让他能平安顺利地经过那段陡峭的山路。如果这名游客没有一丝一毫的恐惧，他可能会忽略很多潜在的危险，如果有潜在的危险和意外，同时又没有及时被他发现，那么他很有可能受到伤害。

美国的心理学家曾经发现，在战场上牺牲的无经验的士兵与他们轻敌有关。对于有一些战斗经验的士兵来说，他们心中有一些轻微的恐惧，这使得他们在战斗中更加小心谨慎，能够让他们及时躲避危险；那些初次上战场的士兵很容易因为不够害怕而丧失警惕，最终丧命。恐惧让人对危险有足够的警惕性，从而让人更好地将危险避开。

人们在面对各种恐惧对象时，积累了丰富的知识，并且知道怎样做出最好的防范。

对蛇恐惧的人要比普通人更加善于发现蛇，他们愿意学习甚至能够自己发现应对毒蛇或者处理被蛇咬伤的各种方法。如果一群结伴郊游的人中有一位怕蛇的，那么这个群体在野外活动中就少了一分危险，因为总有一个人善于发现蛇这种潜在的危险，他会让大家避开。即使有人被蛇咬伤，那么这个群体中也有人可以进行及时的处理。

美国《时代周刊》曾经报道，尽管美国人对禽流感非常恐惧，但却没有人死于禽流感；美国人总是害怕自己会得疯牛病，但至今还没有哪个美国人患上疯牛病。美国人害怕的事物并没有对他们造成实际危险，这主要是因为人们对恐惧的事物做了非常周全的预防。相比之下，那些因为看起来不够危险，让人不放在心上的事情，更容易让人丧命，例如清晨从床上跌下来或者溺死在浴缸中等。

总而言之，人们的恐惧心理或者恐惧对象未必能造成太大的伤害，因为人的身体已经形成了面对恐惧对象的自我保护机制，人的心理在与恐惧对象的斗争中学会了如何防范和化解各种危险。

有畏惧，才有社会秩序

在专制社会里，几乎所有的人都被帝王统治着。治理国家的方法多种多样，例如刑罚、法律、仁义、礼仪等。刑罚这种手段就利用了人们的恐惧心理。

死刑是对犯法者最有力的惩罚，更是对普通人强烈的警告，所有的死刑都有人现场观看，统治者的天威被传达给每一个人。死刑的场面越是惨烈，人们心里受到的震撼就越强烈，就会更加惧怕统治者。

人们都害怕被施以刑罚，这对帝王和普通人都有好处。对于上位者而言，民众心生畏惧，所以不敢随意触犯刑罚，每个人都本本分分地生活，任劳任怨，是让帝王非常愉悦的一件事。对于普通人而言，人们因为害怕又不敢妄动，客观上营造了一个安定的生活环境。

虽然民众的惧怕对他们自身有好处，但是获利最多的仍然是帝王。帝王认为自己政权的稳固与民众的畏惧有着密不可分的关系。沙赫·巴赫拉姆一世是波斯萨珊王朝的一位国王，他曾经将自己的厨师判处死刑，理由是厨师在上菜的时候，不小心将菜汤滴在了他手上。当厨师得知自己即将上刑场时，他苦苦哀求国王，并保证这是最后一次，但是国王不为所动，仍然让刽子手取下厨师的头颅。

在今天的人们看来，虽然厨师犯了错，但这不是一件大事，因为这点儿小事将厨师判死刑实在是一件不可理喻的事情。当时这位国王从有利于他自己的角度给出了这样的回复："你死了对我只有好处。如果我不杀你，大臣们就会认为臣下犯了错误可以被饶恕，他们在做事时就会漫不经心，对国王不尊重，那么还有谁听从我的命令呢？"利用臣民的恐惧心理，可以让国王的位置坐得更稳固。帝王们认为，只有臣民都敬畏自己的时候，他们才能老老实实地做自己的事，社会才能安定。

在奥斯曼帝国苏丹赛里姆一世时期，苏丹赛里姆一世总是用恐吓的方式证明臣民对他心存恐惧。每个月都有一二百人以各种各样的理由被执行死刑，他这样做的目的就是让臣民都害怕他，从而都老老实实地服从他。苏丹赛里姆一世的做法控制在非常适度的范围内，每个月死一二百人并不会引起民众们的愤怒，只有当死亡人数超过了两百五十人后，臣民才可能有怨言，所以只要他没有杀太多的人，臣民绝不会反抗他，而且臣民们会因为害怕自己哪一天做了错事被杀，都表现得规规矩矩的，苏丹赛里姆一世就可以安心地坐在自己的王位上。

恐惧，让你不敢不诚实

有的人在恐吓之下会将自己所知道的内容全部交代出来。恐惧之所以能成功地甄别出真话与假话，主要是因为有的人无法经受得住恐惧的折磨。

在马达加斯加岛有这样一个故事：一个部落里面一个比较富有的人被杀死了，他的家人不知道谁是凶手，但可以认定三十多个人都有杀人的嫌疑，于是请来部落的巫师占卜，希望巫师找出杀人凶手。

巫师把一种植物排成一列，用火点燃，这些植物因为燃烧开始冒烟，营造出一种超脱世俗的氛围。巫师让人找来一只红色的公鸡，拔下公鸡的毛并且烧掉，并且把鸡毛烧成的灰烬抹在公鸡身上。然后走在这些嫌疑人面前，告诉他们真正的杀人凶手在触摸公鸡以后将要患上重病，并且很快就会死去。巫师每经过一个嫌疑人面前，都让嫌疑人触摸公鸡。

接下来巫师又杀了一只白色的公鸡，把公鸡的血抹在自己的脸上，又在所有嫌疑人面前走一遍。走过之后巫师背对着这些嫌疑人开始作法，作法之后的活动是占卜，占卜整整持续了一个小时才结束。

当巫师占卜完以后，并没有转过身来，而是继续背对着这些嫌疑人说：“神已经告诉我到底是谁杀人了，一共有五个人，他们是第一排左数的第二个、第二排右数第一个……”巫师还没有说完的时候，就有三个人从队伍中跑出去了，巫师提到的那两个人也供认了自己的罪行。

巫师在将植物点燃的时候就营造了一种神秘的气息，让这些人相信神明知道自己的行为。所谓的杀人者碰到公鸡会死亡也是巫师故意说的，但通过这个方式可以找到杀人者。

杀人者害怕自己会死，所以不会真的触碰公鸡，因此手上也不会留下灰烬的痕迹。巫师通过观察这些人的手就可以判定到底是谁杀了人。巫师第二次杀公鸡，并且在嫌疑人面前巡视一圈的目的是为了完善自己寻找真凶的仪式，让那几名杀人凶手相信巫师确实有能力找出他们。接下来的作法和占卜是为了营造一种恐惧的氛围，不断摧毁杀人者的心理防线，让他们心理承受煎熬。巫师此举的效果非常明显，有三个人在听到自己的同谋者被发现以后迅速选择了逃跑。

巫师的成功之处还在于他用很长时间营造气氛，也让部落的其他成员感受到巫师的法力无边，让他们敬畏神明，起到了杀鸡儆猴的作用。类似的故事在中国历史上也有，营造恐惧氛围寻找犯罪嫌疑人的方法用在那些知识水平不是特别高、心理承受能力比较差的人身上效果较好。

宋朝时，有一个叫刘宰的县令。一天，他在县衙工作，一个大户人家来报案，这家人发现一支很贵重的金钗丢了。刘宰调查后发现，小偷就在这家人中，金钗的丢失地点就是房间中。当时在房间内的是两名小丫鬟。然而，没有一个丫鬟说金钗被自己拿走了。

刘宰没有对她们两个严刑逼供或者劝说她们自首，他只是将这两个人暂时关在了大牢里。两天过去了，也没有再次审问。在第三天的时候，刘宰亲自去大牢里见那两个丫鬟。他将两根芦苇给了这两名丫鬟，并对她们说："这芦苇是我从一个仙人那里求来的，它有神奇的能力，能够将不诚实的人找出来。你们每人手里都有一支芦苇，但是偷了金钗那人手中的芦苇会变长，比没偷的人手中的芦苇多一寸。你们且收好，我要在明天断案。"说完，刘宰轻松自在地走了。

等到第二天，两个丫鬟被带到大堂上审问。按照命令，两个丫鬟将各自手中的芦苇交出来了。刘宰将两个丫鬟手里的芦苇分别量了量，其中一根确实比另一根长出一寸。手中握着长出一寸芦苇的那个丫鬟刚想解释，刘宰已将头转向另外那个人了，他厉声问道："金钗是你偷的，你为什么这么做！还不快招！"跪在地上的小丫鬟感到心惊胆战，但仍然不死心，还在狡辩："我不是小偷。是您自己说过，偷了金钗的人手中的芦苇会长出一寸来，我的芦苇分明是短的！"刘宰道："分明是你！哪有一根普通的芦苇会长长，我将两支一样长的芦苇分别给了你们。现在你的短了，分明是你自己截了一寸。你是心里有鬼，才这样做的吧！"丫鬟听到这里终于招供了。

刘宰的做法和上个故事中巫师的做法非常相似，都是营造一种恐怖的神秘的气氛，考验人的心理承受能力，承受不住恐惧的人必然会有所动作，从而暴露自己。

利用人的恐惧心理寻找真相并不一定每次都成功，例如古代用嚼米粉的方式判断一个人是否诚实。古人认为有罪的人由于恐惧而口干舌燥，所以不可能把米粉咽下去，这在道理上似乎是说得通的，但由于人的唾液腺功能不同，是否分泌唾液、分泌唾液的多少都是不确定的，因此用这种方法判断一个人是否说实话也会经常出错。

另外，这种方法用在那些心理承受能力比较强或者经过特别训练的人身上也是行不通的。第一个故事中如果有一名杀人凶手根本不相信碰了公鸡会死而勇敢地摸了公鸡，那么巫师可能就不能发现他了，他的同谋们发现巫师判断有误以后，很可能对巫师的判断力就不那么相信了，所以可能会出现死不承认的局面。因此，利用人们的恐惧心理检验诚实是一种可行的方法，但却不可能有百分之百的准确率。

适度的恐惧感，可让人超常发挥

当人们过度恐惧的时候，就会出现“吓傻了，不知道如何是好”的状态。恐惧给人带来的害处要远比好处多，不过有的时候恐惧未必是一件坏事。如果恐惧感只是轻微的、适度的，没有达到让人崩溃的程度，人们是能够从这种恐惧中受益的。

医生们发现，手术前完全不害怕的人在手术后的恢复效果未必好，这些人经常在手术后大喊伤口特别疼。相比之下，手术前害怕疼痛的人在手术后的反应就没有那么强烈。手术之前就特别担忧疼痛的人在手术以后的恐惧感也比较强，同样经常抱怨伤口疼。从这三种病人中可以发现，手术前没有一丝害怕的人和手术前极其害怕的人走上了两个极端，这两个极端都不利于身体恢复。那些在手术前感到恐惧，但却没有恐惧到极致的人从恐惧感中受益了，可见轻微的恐惧能够给人们带来益处。

在紧急情况下，恐惧可能让人表现得比平常更为出色。在第二次世界大战中，美国的一架轰炸机被敌人的高射炮击中了。副驾驶员的脸被打烂了，他感觉到非常痛苦。这个时候驾驶员表现得异常镇静，拿起氧气面罩给副驾驶员戴上，然后从容不迫地发起了反击，他们二人最终出色地完成了任务。

当飞机降到地面上的时候，其他飞行员还向他表示祝贺。这些看起来都在显示驾驶员并没有因为飞机被敌军击中而感到恐慌，反而能够出色地进行战斗。不过当这名驾驶员开始换衣服的时候，恐惧反应出现了，他浑身颤抖，而且不能控制地哭了。

实际上，当飞机被击中的时候他也感到了恐惧，只是他在面对危险的时候暂时没有想到害怕，而是集中精力完成作战任务。当他换衣服的时候，暂时被他忘记的恐惧出现了，他才表现出正常人遇到危险时的状态。

拿破仑在一次打猎中听到有落水的人在呼救。他跑到河边看到那个人正在水中挣扎。一般人看到这个场景的反应是跳入河中将人救起，但拿破仑的做法完全相反。他向河里开了两枪，大喊："你自己爬上来，不然我就开枪杀了你！"落水的人感到更害怕了，于是忘记了自己不会游泳的事，全力挣扎爬上了岸。

上岸后，他质问拿破仑："你怎么不但见死不救，还落井下石！"拿破仑说："我也不会游泳。"看到落水者愤怒的表情以后，他继续说："你应该想一想，如果我不吓唬你，你能爬上来吗？"这时，落水的人无话可说了，因为他突然发现拿破仑说得很对。可见，人在恐惧的事物面前，潜力将会爆发出来，平时很难做到的事都可以轻易地做到。

恐惧刺激人们超常发挥在日常生活中是非常常见的。对于演讲而言，恐惧是一种非常常见的心理，但只有那些善于利用自己恐惧感的人才能在台上发挥好。如果演讲者不善于引导这种恐惧感，被恐惧感控制，那么可能就出现肌肉痉挛的情况，直接结果就是表达不清晰流畅，那么这次演讲注定不会取得好的效果。

对于考试也是如此。不管一个人经历了多少次考试，在比较重要的考试中仍然会感到恐惧和紧张。适度的恐惧感能让人集中注意力，很快地进入考试状态，同时恐惧让人的大脑高速运转，提高人的思维反应速度，在考试中超常发挥。此时，恐惧感是一种推动力，而不是一种阻力。运动员在比赛中也需要一定的恐惧感才能发挥出较高的水平，因为当运动员感到恐惧的时候，肌肉有一定程度的紧缩，这能激起他们的潜能。

不过，演讲、考试、比赛中能让人发挥好的恐惧都不是无限放大的恐惧，而是轻微的、适度的恐惧。泛滥的恐惧必然会让人不能发挥出正常水平。所以，当我们感到恐惧的时候，不要任恐惧的情绪自由发展，也不要试图消灭它，而是留住一点，让自己因为恐惧而思路敏捷，比平常表现得更好。

恐惧促使人在紧要关头超常发挥的例子在历史上非常常见，波斯帝国中的大流士上台就是一个典型的案例。

在大流士还没有上台的一段时间内，祭司高墨达假装国王主持朝政。这位假国王为了不被发现，很少出现在人们的视野中。但原来国王的一位宠妃发现了国王是假扮的，因为高墨达的一只耳朵被割掉了。这位王妃把这件事告诉了她父亲，希望她父亲能够组织人员推翻假国王。

王妃的父亲把他的七个亲信召集起来商量对策，这些人中有的认为打倒国王是一件危险的事，便想着向祭司告密，也就是向假国王告密。此时七个亲信之一的大流士当机立断地决定当晚就发动政变。于是这七个深感恐惧而又没有充分信任的人开始谋划他们的大业。

当天晚上这七个人进入皇宫刺杀假国王，假国王在与他们争斗的过程中藏到了密室中，密室中漆黑一片，什么都看不见。这七个发动政变的人有一位在暗中与假国王打斗，但其余的六个人不敢上前帮忙，因为他们害怕自己一不小心误伤了同伴。此时与假国王格斗的人向他的同伴们呼喊："用剑刺吧！不用担心误伤我，如果你们看不见，那就把两个都刺死吧！"这个时候大流士拔起剑就向两人刺去，非常幸运的是被他刺死的是假国王高墨达，他的同伴没有被误伤到。

此后，大流士成为国王，并开始了波斯帝国著名的大流士改革，波斯帝国也在以后日益强大。

从这个密谋到发动政变的过程中可以发现，大流士做出当晚行动的决定时处在恐惧的状态，与假国王厮打的密谋者让同伴们"两个都刺死"的时候处于恐惧状态，最终大流士在恐惧的状态下将假国王杀死。在现在看来，即使这七个人的准备时间比较充分，他们仍然要面对失败的可能；如果大流士在白天向两人刺去，他也未必能准确地刺死国王，同时让同伴毫发无伤。但这七个人在恐惧和准备不充分的时候发动政变反而成功了，可见人在恐惧的时候有一定的爆发力。

不过这种恐惧必须有一个前提，那就是不是过分的恐惧，如果大流士和他的同伴们的恐惧已经到了必须告密或者提着剑不敢动的程度，那么这次刺杀行动一定不会成功。

第三章

恐惧从哪里来

很可能，胆小真是天生的

有人说“我天生就胆小”，认为胆小的性格是从父母那里遗传而来的。但有的人对此进行反驳：“胆小是自己的坏毛病，不要将父母拖进来。”那么胆小是先天形成的，还是后天养成的？

心理学家用动物做实验，将研究恐惧心理的结果推进到人类。美国埃默里大学的研究人员用老鼠做实验，研究老鼠的恐惧基因是否会遗传给下一代，使用的方法是巴甫洛夫研究经典条件反射的方法。苯乙酮是一种闻起来与樱桃味非常相像的化学物质，科学家让雄性老鼠嗅这种气味，然后电击这只雄性老鼠，老鼠便以为它的疼痛感来自樱桃的气味，因此便对樱桃气味产生了恐惧感。后续的研究发现这只雄性老鼠的后代在与父辈生活环境不同的情况下，在没有接触过樱桃气味时，对樱桃气味也会感到恐惧，每当闻到这种气味就会发抖。科学家们又用雌性老鼠做了类似的实验，发现雌性老鼠的后代也对樱桃味产生了恐惧心理。

科学家还发现，这种对樱桃气味的恐惧不但通过自然孕育的方式遗传给了下一代，即使是人工授精、交叉抚育的后代，仍然像它们的父辈一样，害怕樱桃味。在试验中，科学家还发现，老鼠们对樱桃气味的恐惧一直延续到了老鼠的孙子辈，这似乎说明恐惧基因还可以隔代遗传。

科学家们还用了其他刺激作为恐惧对象，以证明老鼠的后代们对某种事物的恐惧感是遗传的，例如：对脚步声产生恐惧的老鼠的后代，要比其他老鼠更容易对脚步声产生恐惧心理。科学家发现，如果给老鼠新的恐惧刺激，仍然不能将原有的恐惧刺激消除，老鼠的大脑中已经保存了对某种刺激的恐惧。

基因的运行方式是动态的，并不是静止不动的，我们每天的生活和情绪变化都可能对基因产生影响。因此，实验人员认为：老鼠的DNA系列虽然没有改变，但科学家认为老鼠 DNA 的表达方式发生了变化，老鼠大脑中检测气味的神经存储了对樱桃味的恐惧。这种对樱桃气味的厌恶通过遗传的方式存在于下一代老鼠的细胞中，因此后代老鼠都对樱桃气味特别敏感。

恐惧感与基因有直接的关系，已经在动物身上得到了证实，这一点也适用于人类。外国的研究者发现，一些生活在二战期间的人，他们曾经有一段紧张不安、恐惧无助的生活经历，他们的这种基因在子女身上也有类似的表现，他们的后代患有孤僻症、恐惧症等精神障碍的比例要比其他人的后代高。因此，如果母亲在怀孕期间能够精神放松，那么所生出来的孩子就不容易患上精神性疾病。

小老鼠的实验说明恐惧感与基因有关，那么恐惧的程度是否也与基因有关呢？德国科学家对这个问题做出了肯定的回答。

德国波恩大学的研究人员找来 96 名女士，测试她们受到惊吓后的反应。在实验开始时，研究人员将电极连接在她们眼睛周围，捕捉她们的眼睛在看到恐惧的事物后，发生何种变化。这些女士被要求看三组图片，第一组图片能让人心情舒畅，第二组图片基本不会影响人的心情，第三组图片可能让人惊恐。

实验发现，在看到令人恐惧的事物时，这些女士眨眼的次数会增加，这种行为受一种名为 COMT 的基因的影响。COMT 基因有 Val158 和 Met158 两种变体。科学家还发现，如果一个人携带了两条 Val158 基因，一个人携带了一条 Val158 基因、一条 Met158 基因，那么前者看到恐惧的事物后，情绪更为激烈。

虽然一个人具有了产生某种恐惧症的基因，但不能直接说明这个人一定会患有某种恐惧症。因为人类的行为受环境的影响更大，基因只是为人类对某种事物产生恐惧心理提供了可能，决定了这种可能是否会成为事实的是人类后天的行为。基因不应该为人们的恐惧心理负责任，基因只能说明某一类人患有某种恐惧症的可能性要比其他人更大。

肤色、长相类的基因是人们直接从父母那里继承而来的，但对恐惧的基因则不一样，基因对人的行为的影响可能多，也可能少，只能让人有一种恐惧的倾向。人们会不会对某种事物恐惧不是完全由基因说了算，更多的原因来自于人们的生活环境。

压力越大，越容易恐惧

人在承受巨大压力时，身体会产生很多负面情绪，例如：焦虑、恐惧、抑郁等。这种压力的来源可能是自己的过高期许，也可能是环境逼迫的。压力越大，人的不良反应就越大。

每年高考时，都有很多考生对考试产生恐惧心理，因为在目前体制下，“一考定终身”仍然是一条金科玉律，高考给考生、家长、老师都带来了很大的压力，让他们长时间处于精神紧张状态，自然就会对考试产生恐惧心理了。那些感到压力大的考生要比一般考生更加重视考试结果，他们承担着更重的压力，对考试的恐惧感也更强。人正常的精神活动因为压力太大而被打乱，恐惧心理就会乘虚而入。

麦克是一名食品生产企业的车间主任，有一次他发现，一名员工在粗心大意之下将一种食品添加剂放多了，而且大大超出国家规定的安全标准。他发现这件事情以后，及时地纠正了这名员工的做法，没有给企业造成太大的损失。

然而很不巧的是，这一天工商局和食品质量监督的工作人员来到麦克所负责的车间进行检查，发现食品添加剂被放多了这件事。有一名检查人员威胁他说：“如果你不给我封口费，我一定会让媒体来曝光这件事的。”这时候，麦克感到非常为难，不知道应该怎么做。

麦克知道自己所在的企业从来没有违规操作，在市场上有很好的声誉，深得消费者的信赖，这天发生的事情纯属意外，而且已经被他及时挽回了。他担心如果不给这名检查人员封口费，那么对方会真的让记者来曝光，企业多年的信誉就要毁在他手上了；另一方面，如果他贿赂公职人员这件事被发现了，那么企业一定会将他解雇，他的职业生涯有了这个污点以后，就很难再找一份让他满意的工作了。

两种思想在他的头脑中进行你死我活的斗争，麦克感到他承受的压力很大，根本找不到可以解决的办法。从这儿以后，麦克内心的宁静被压力打破，他生活在既害怕被媒体曝光，又害怕自己被解雇以后再也找不到工作的恐惧中。

人在承受巨大压力的时候，内心感到脆弱，心理承受能力大大降低，对自己和周围的环境都缺乏信心，而且无法将心中的苦闷排解出去，就这样，恐惧感就会越来越强。

2011 年，《中国青年报》曾经在民意中国网和搜狐新闻上做过上班族对年会恐惧感的调查，这项调查有 2184 人参与，这些人中有 66.4% 认为自己对年会有恐惧心理，其中有 18.1% 认为自己的恐惧感非常严重。本来公司的年会应该是员工们建立起亲密联系的机会，但由于员工们对年会的恐惧，让年会变了味儿，成为大家的一种负担。

年会给很多员工带来了不小的压力，在年会上，几乎所有人都要上台表演节目，节目的好坏直接影响一名员工在同事和领导面前的形象。

当领导分配工作或者考虑职位升迁人员的时候，脑子里第一个反映出来的人就是那些给他留下深刻印象的人，经常保持安静状态的人则不是那么引人注意。所以，能在年会上大放异彩，对上班族以后的工作绝对有好处。

因为这个日的，上班族们为想出一个有创意的节目伤透了脑筋。唱歌、跳舞太过于普通，是人人都会的节目，没有新意；表演短剧是个有新意的节目，但是很难找到一个适用于几个人表演的剧本。

当节目选好了以后，又会有新的问题出现——需要占用业余时间排练，如果占用上班时间排练，就会影响工作业绩。

总之，为了在年会中有突出的表现，很多上班族承受着各种压力，他们感觉绞尽了脑汁，也很难在年会中有突出的表现。这种状态持续下去的直接结果就是上班族认为自己都患上了“年会恐惧症”。

上班族对年会寄予了自己的期望，年会带给他们很多压力，让上班族感到不堪重负，让本来欢乐、轻松的年会染上了恐惧的色彩。

麦克和年会这两个例子中，人们恐惧的事物就是压力的来源。不过，有的压力可能不会直接让人对某一种事物产生恐惧，却会影响人的心态。例如，经常加班得不到休息的人可能不会感觉到加班是一件恐怖的事情，但是当他闲下来时，就会对休息产生恐惧感或者焦虑，因为他不知道如何安排空闲时间，这是一种“压力成瘾”的表现。

此外，经常加班、作息不规律的人可能已经习惯了自己的生活方式，并不感觉自己的工作中充满了压力，对工作也没有厌烦和排斥等恐惧的心理，甚至在工作中处于忘我的状态，并且喜欢忙碌而充实的生活。但是他们十分清楚没有充足的休息对身体健康是不利的，这些人在听到过劳死、车祸、疾病等话题时，要比普通人的恐惧感更强烈。

人的情绪有60%受外界的影响，剩余的40%全靠个人的自我调节。压力来自于环境，但人的内心却将其扩大了。在压力过大的情况下，有些人本来并不害怕的事物，也会变得非常恐怖。当压力无法排解的时候，它可能就像是压死骆驼的最后一根稻草，让人们平静的心突然出现一股惊涛骇浪，让人生活在对某种事物非常恐惧的阴影里。

你经历过创伤性事件吗

一个人曾经经历的创伤性事件可能给他留下深深的心理阴影，让他保持持久的恐惧。按照条件反射的原理，人们的恐惧感是从过去的经验中学习到的。如果有一种令人恐惧的刺激反复出现若干次，就会形成条件反射，那些令人恐惧的刺激就成了人们恐惧的对象。

如果人们想要逃离这种恐惧，恐惧感不但不会弱化，而且还会强化。曾经有一项调查说明，在 176 名恐慌症患者中，有过窒息经历的人占到了 20%，这在事实上证明创伤和恐惧之间有着直接的联系。

由创伤学到的恐惧可能是无意识进入人的大脑中的。某一事物第一次对人造成了伤害，如果后来再次与这种事物接触，就会无意识地躲避，这时候这个人可能意识到，也可能不会意识到：“我曾经被它伤害过，所以还是离它远一点好。”

心理学家克拉巴和德的主要研究方向是儿童心理学和记忆。他曾经有一位有趣的病人。这名病人的大脑受到了一定的损害，患上了健忘症，即使是短期内发生的事情，他也记不住。他每天都去看心理医生，但在第二天的时候完全记不得他的心理医生是谁，于是他每次看心理医生的时候，心理医生都要做一次自我介绍，并和他握手。

有一天，克拉巴和德在与这名患者握手的时候，将手里隐藏的一枚大头针刺向了这名患者，这名患者感到刺痛后立即收回了自己的手。第二天，心理医生与这名患者进行例行的自我介绍和握手，当心理医生将自己的手伸向患者时，患者便不愿意握手了。虽然这名患者完全记不住昨天被刺的事情，但握手被刺这件事的影响还在，以至于他在无意识的情况下还保持着对握手这一动作的警惕。

从这名患者的行为中可以看出，人曾经的经历是恐惧感的来源之一，而且并不需要人们刻意地记忆，就能将对自己造成伤害的那件事记住。

电梯有出事故的可能，那些经历过电梯事故的人要比仅仅听说过电梯出事故的人更容易对电梯产生恐惧。例如，一栋办公楼有两部电梯，其中有一部经常出事故，另一部比较安全。在一天中午，不太安全的那部电梯由于超载而直接从 16 楼坠到了 11 楼，从 11 楼到 1 楼这段路程电梯正常运行。

那些曾经经历过从 16 楼掉到 11 楼的人有过切身的体会，他们在以后坐电梯时可能更紧张，时刻盯紧着楼层指示，希望快一些达到自己需要的楼层，甚至宁可浪费体力和时间爬楼梯，也不乘坐电梯了。

有一些人，虽然在现场，但是乘坐了安全的电梯，只是听到了另一部电梯有尖叫声，他们可能感到心有余悸和庆幸，在后来坐电梯时会想到这件事，但未必特别害怕。

还有一些人没有坐电梯，但是关于那天电梯超载坠下的小道消息听了不少，他们可能认为那天乘坐电梯的人很不幸，自己再乘坐电梯时可能不会总想着“万一电梯又坏了怎么办”，只会下意识地乘坐不容易出事故的那部电梯。

从这三种不同反应的人中可以发现，不幸的经历给人带来的恐惧感更强烈、更持久。如果某一次创伤非常严重，那么一次创伤就足够让人们形成持久的恐惧感。

每个人都会经历对自己造成伤害或者不喜欢的事。但并不是所有经历了创伤的人都会形成恐惧感。例如，有的人被狗咬了以后只是害怕了几天，打过狂犬疫苗以后，就逐渐将这件事情忘记了。而有的人则是牢牢地记住了这件事，在他后来的生活里，不但害怕被狗咬，甚至还害怕狗叫、狗毛、狗的照片等一切与狗有关的东西。

这与人的自我调节能力有关，有的人通过适当接触恐惧刺激的方式让自己的恐惧感消失了，一段让自己不快的记忆成为学习新技能的宝贵经历；有的人则一再回避恐惧刺激，让自己的恐惧感越来越强烈。但不管怎么说，创伤是恐惧感最重要的来源。

量变到质变：恐惧的强化效应

如果一种恐惧刺激持续出现，或者一种恐惧感总是涌上心头，且愈演愈烈，可能让人精神失常。持续的小恐惧累积到一定程度会和一次性的大恐惧产生同样的效果。

科学家将一只小老鼠关在金属笼子中，时不时地用微小的电流刺激它，次数多了以后，小老鼠就产生了对笼子的恐惧。科学家对另一只小老鼠采取一次性大电流的刺激，老鼠也产生了对笼子的恐惧。对于小老鼠而言，一些小的恐惧刺激会加重它们的恐惧心理，对于人类也是如此。

恐惧的强化效应，是非常可怕的。它可以使量变累积成质变，由心理亚健康演化成心理疾病，由小的心理疾病恶化成极难治愈的大病。

在一次电视调解节目中，女嘉宾历数了男嘉宾各个方面胆小的表现：不敢接电话、不敢出门、不敢开门、不敢收快递、不敢开车，车子内一定要用纸箱或者矿泉水瓶子充满，不敢将自己的女朋友介绍给亲朋好友等。

女嘉宾对男友的这些问题忍无可忍，想要提出分手。男嘉宾不想分手，但也不将自己的真实想法吐露出来，直至在专家的介入下，男嘉宾才将自己这些恐惧的来源讲清楚。

他说："我曾经谈过一个女朋友，那个女生对我死缠烂打，我实在受不了了，于是和她提出分手。在我提出分手以后，我的前女友还是总黏着我，这让我很反感。不仅如此，我的前女友还经常用自杀的方式威胁我，想要和我复合。

"最让我受不了的是她的哥哥，她的哥哥总是认为我欺负了他妹妹，不断地来找我的麻烦。他哥哥曾经叫上一大堆人围殴我，我被他们打得鼻青脸肿，不敢出门。我害怕只要我一出门，他哥哥就要揍我。他哥哥经常给我打恐吓电话，逼迫我和他妹妹复合，我换了几次手机号码才让他哥哥找不到我。家里的座机电话线也被我拔了，因为他哥哥经常半夜打电话过来恐吓我，就像午夜凶铃一般。

"为了不被他们兄妹纠缠，我换了房子，希望再也不被他们兄妹找到，但是我还是害怕一开门就遇见他们，所以我不敢收快递，如果他们假冒送快递的，我一开门他就打我，我该怎么办？

“我将车子里用纸箱和矿泉水瓶子填满也是不想被他们看见，我不是邋遢，我只是害怕他们从车窗子看见我，又过来找我的麻烦。我不敢将我的现女友介绍给亲戚朋友还是因为他们兄妹俩，我怕他们知道我有了新的女朋友以后，心里不满找我现女友的麻烦，我很爱我的现女友，不想让她受到任何伤害……

“总之，我的前女友和她哥哥在我和我前女友分手后，总是打乱我的生活。如果只有一次、两次，我还以为他们是因为我和前女友分手后，想要照顾我前女友的情绪，我也就认了。但是他们不止一次这样，在我们分手一年内，我经常被他们骚扰、恐吓、殴打，直到我换了房子、断了联系方式以后才能清静下来。

“谁能受得了长期过这样的生活啊！所以，我认为他们的种种做法给我造成了深深的心理阴影，我现在的胆小完全是因为他们以前不断地上门找我麻烦造成的。”

从男嘉宾的辩解中可以发现，前女友和她哥哥不断找麻烦的行为，是他恐惧感产生的根源，而且这种恐惧心理持续的时间非常长。当他和现女友谈恋爱的时候还保持着对前女友和她哥哥的警惕，生怕有一天他们再次出现在他面前，伤害他和他现在的女朋友。男嘉宾的种种行为都是对前女友和她哥哥敌视、躲避的表现，就像是在打一场潜伏战，害怕自己一不留神就被对方抓住、折磨。

这名男嘉宾恐惧感的形成和持续过程都伴随着他对恐惧刺激躲避的行为，虽然他的防守做得十分到位，但是却让他的恐惧感更加强烈了。持续面对恐惧刺激和躲避恐惧刺激一样，也可能强化人的恐惧感。

琳娜特别害怕吃虾，包括龙虾、白虾和小虾米。但是她不害怕与虾保持一定距离观看虾，也不害怕吃虾条、虾丸等用虾做成的食物，也不排斥在做菜中放虾油。

她看见虾有着长长的触须和脚，总是想着这种动物在自己的嘴里、胃里爬，于是感到非常恶心，只好转过头去，眼不见为净。也就是说她所害怕的是食用整个的虾，对于非食用的虾没有恐惧感。

为了克服这种恐惧感，她学着不断地接触虾，甚至食用虾。她选择了看起来不太庞大的小虾米作为她第一个需要克服的对象。但是过程非常痛苦。小虾米看起来不是那么恐怖，她试着将小虾米吃下去，她不敢用手抓，只好用勺子往嘴里送。在往嘴里送的时候，把眼睛闭上，另一只手捏住鼻子。试了几次以后，她发现她不但没有克服对虾的恐惧，反而更加厌恶这种食物了。

在一次聚餐中，朋友看她没有吃虾，以为这道菜距离她太远，于是自作主张地夹了一只给她，当时琳娜的反应特别强烈，直接将自己的碗扔出去了，让好好的聚餐气氛降到了冰点。从此以后，再也没人敢让她吃虾了，琳娜自己也认为她与这种高蛋白的营养食物彻底无缘了。

琳娜为了克服恐惧，不断地与自己恐惧的事物接触，最后不但没有克服恐惧，反而加重了对虾的恐惧。这个过程非常痛苦，虽然总是想着如何能一步步地接受自己恐惧的事物，但事实证明她完全失败了。

恐惧的病情因为一点点恐惧刺激的积累而加重，人们将自己害怕的事物看得越来越“危险”，更大的恐惧因为不断与恐惧的事物接触而释放出来，战胜恐惧的信心变得越来越弱，恐惧的事物最终成了避而远之的“病毒”。

恐惧也会传染

有的时候，恐惧不仅是一个人的心理感受和行为现象，在某一个群体中，可能存在大部分人都对某一事物恐惧的现象，这是因为恐惧心理是可以互相传染的。恐惧感传染的方式可能是生理信息的传染，也可能是观察学习到的。

儿童的一些恐惧反应是从父母那里学习到的，尤其是母亲的恐惧反应。儿童在与父母相处的过程中，经常观察父母的行为，如果他们发现父母对某一种事物有恐惧感，就会认为这种东西很危险，从而表现出和父母一样的恐惧。

儿童在一岁以前，基本上认为母亲和自己是一体的，他们感知外部世界的方式之一是通过母亲。虽然儿童不能理解父母的语言，但对母亲的情绪变化非常敏感。即使母亲有了十分微小而又察觉不到的情绪变化，儿童也能感知到。以儿童打疫苗为例，母亲可能想到儿童皮肤娇嫩或者本身就害怕打针，表现出一种轻微的厌恶和恐惧，儿童可能就会从母亲那里学习到对打针的恐惧。

如果母亲将自己对某一事物的恐惧感表现得非常明显，那么儿童受母亲的影响也会非常大。有一位对猫产生恐惧的女士这样描述她恐惧的来源：

在我上小学的时候，一次暑假我和母亲去乡下玩。邻居家的猫总是眼神犀利地看着我们，那只猫弓起身子、竖起尾巴，一副要与我们决斗的样子。我妈妈被吓得不敢动了，她不断地大声尖叫。从前我认为猫是一种非常温顺而又可爱的动物，但经历那次事情，我彻底改变了看法，我觉得猫就是恶魔！从此以后我再也不敢看猫了。

父母的恐惧感能非常容易地传染给儿童，很大程度上是因为儿童的个体性不明显，他们凡事都只能依靠父母，经常模仿父母的行为。父母在儿童面前掩饰自己的恐惧并不是一种有效的方法，因为儿童的感受能力比较强，他们能察觉到父母有隐瞒的倾向，并且自己猜测父母为什么害怕某种事物。因此，父母隐瞒自己的恐惧可能给儿童造成更大的伤害，倒不如直接告诉孩子自己为什么感到害怕，并且向孩子解释清楚其实自己害怕的事物并不是特别危险。

恐惧感在儿童之间也能传播，这是证明恐惧感会传染的直接证据。在宁夏的一所小学里，有 4 名小学生因为好奇，吃下了枯萎的杨树叶，二十分钟以后，这 4 名学生开始头晕、恶心，老师们将他们送到医院检查。但是不久之后，有更多的学生开始出现和这 4 名学生相同的症状，而且人数越来越多，直至上升至七十多人，老师们只得将他们也送到医院治疗。但医院的检查结果出乎意料，最先送去的4名学生确实有食物中毒的迹象，但后送去的学生既不是食物中毒，也不是患上了传染性疾病。医生说他们是精神类群体疫情。

学生们看到有4名同学出现了各种不良反应后，心生恐惧，害怕自己也和同伴一样患病，恐惧感在小学生之间相互传染，直至成为群体性疫情。

成年人的恐惧感也可以相互传染，但是对于成年人来说，受他人影响而恐惧的现象并不多见。一项研究结果显示，在一群患有恐惧的成年人中，受相似恐惧症影响的比例只有六分之一。

美国科学家发现恐惧感可以通过汗液传播。研究人员找来40名志愿者参加跳伞实验。在跳伞之前，研究人员将一块垫子放在他们的腋下，这块垫子的吸水性非常好，能留下跳伞者的汗液。这些跳伞者都是初次跳伞，必然都有恐惧心理。他们留下的汗液有的是因为初次跳伞的恐惧而产生的，有的是因为运动而产生的。在他们跳伞结束后，科学家给另外一批志愿者安装上大脑扫描设备，然后让他们闻跳伞者留下的由恐惧产生的汗液，大脑扫描设备记录下来了他们大脑的活动状况。他们大脑中控制恐惧感的区域明显比较活跃。

科学家们这样解释这种现象，人们在感到恐惧时分泌出一种激素，这种激素可能隐藏在人体的生物信息中，能够在人群中互相传播，并且能引起人们大脑相同区域的活动。这个实验从生物学的角度解释了人类的恐惧感确实是可以相互传染的。

心理学家将这种相互传染而得来的恐惧感称为间接性或观察性得来的恐惧。不过，这种途径得来的恐惧不一定非常多。对大部分人来说，如果与自己关系亲密的人，有一种对某事物非常强烈的恐惧感，那么这种恐惧感传播的可能性更大。

吓唬人的话，会诱导人染上恐惧症

在我们接触的信息中，有一些信息是有误导性的，无论这些信息是否有意，都有可能造成人们的恐慌心理。这种情况在儿童中最为常见，因为儿童很难通过自己认识事物，大部分借助于老师和家长的教育，并且沿着家长和老师的教育思路发展自己的认识。

在儿童年幼时，父母为了让孩子听话，经常用“大灰狼把你吃了”“如果你单独出门，就会遇到卖小孩的骗子把你卖了”“如果你吃太多 ××，就会得 ×× 病”“如果你不听话，就把你扔到医院打针”等说辞让儿童不要做出某些行为，一些儿童的童话故事经常让“大灰狼”代表邪恶、恐怖的势力，父母这种有意无意地吓唬孩子的行为，或者经常说某种事物是危险的，会给儿童造成很大的影响，以至于直到今天，儿童普遍都对狼有恐惧心理。

英国的一项实验说明，儿童会因为接受教师们的警告而对事物产生恐惧感，而且有明显的逃避、抗拒倾向。

这项实验的对象是 60 名 6~9 岁的儿童。心理学家将他们分为两组，教授性质完全相反的内容，第一组接收的信息是：

袋鼠是一种非常令人讨厌的动物，它们的身体非常脏，携带很多病菌，如果我们与袋鼠靠近，袋鼠就会将疾病传染给我们。袋鼠是一种有害的动物，它们长着长长的牙齿，一看见小动物就会上去咬一口，将动物们的血液当作水喝，这和吸血鬼差不多。另外，袋鼠的叫声非常恐怖，尤其在夜晚的时候，凄厉的叫声会传遍整个澳大利亚草原……总之，袋鼠在澳大利亚是最不受欢迎的动物，所有的人都讨厌它。

心理学家对第二组儿童讲述的内容都是一些正面信息，例如：

孩子们非常喜欢袋鼠，与袋鼠在一起玩得非常开心。袋鼠最喜欢的事物是水果和叶子，孩子们经常用叶子喂袋鼠，袋鼠不但不会咬小孩子，还会与孩子们非常亲近。总之，几乎所有的澳大利亚孩子都喜欢和袋鼠玩耍。

在两组儿童都已经分别接收了实验人员传递给他们的信息以后，心理学家准备了一些盒子，盒子上用标签贴着动物的名字，而且有小洞可以看清里面的东西。心理学家让儿童一个个经过这些盒子面前，观察他们的反应。第一组儿童在经过贴有袋鼠标签的盒子面前，有明显的迟疑动作，他们不想与那种有害的、不好的动物离得太近。

这个实验说明，有偏见的信息直接影响儿童的认知，向儿童描述某种事物是不好的、有危险的、不被人们喜欢的，儿童自然会害怕这些事物。

诱导性信息同样会影响成年人的认识，但成年人之所以受影响不是因为他们认识事物的能力差，而是因为这些信息过于盛行，或者借助于专家的视角，让这些有偏见的信息变得更为“科学”。

网络上关于“饮用汽车内长期高温条件下放置的瓶装水容易致癌”的信息非常多。搜狐网曾经做过一项调查，在 19196 名网友中，有 64.22% 的网友担心在车内放置的瓶装水的瓶子会发出有毒有害物质，有 28% 的网友担心瓶装水可能出现细菌滋生问题。因为人们感觉将瓶装水放在驾驶室内似乎不那么安全，所以选择将水放在后备厢中，这项调查显示，有 66.14% 的人将瓶装水放入后备厢中，从这个数据可以发现，人们普遍担忧喝了在车内放置的瓶装水后，会对自己的身体不利。

人们害怕放在车内的瓶装水会致癌，不是因为看到了科学的检测报告，而是网上的各种警告信息。实际上，一些科研机构曾经对放置在车内一周的瓶装水进行过检测，除了瓶体因为高温而变形外，车内瓶装水的各项指标与放在室内的瓶装水没有太大的差别，没有检测出致癌物质，也没有检测出菌群问题。

网上之所以流传车内瓶装水致癌的信息是因为，在英国的一次广播节目中，有一名女星说自己患上了乳腺癌，大家最好不要将瓶装水放在车内。这个消息一经流出，就产生了各个版本的致癌信息，甚至一些健康网站上也这样报道。

放置在车内的瓶装水致癌的谣传因为有有效的科学实验而被澄清，不过在谣传被澄清之前，人们多少受到了网站信息的警告，对放在车中的瓶装水敬而远之，甚至扩大到认为使用塑料瓶装的东西都含有致癌物质，由此可见人们的恐惧心理受外界信息的影响有多大。

因为人们经常受到宣传某种事物危险信息的影响，所以那些没有切身经历过某种令人恐惧的事件的人，也会认为这件事物是危险的。一个人如果在电视上看到某航空公司飞机失事的新闻，那么他以后在选择出行方式的时候，可能就不会考虑这个出了事故的航空公司,甚至直接选择坐火车进行一次长途旅行。这可能是因为他看到了飞机失事的报道以后，从心里认为乘坐飞机是不安全的交通方式，认为避免坐飞机是一件非常明智的做法。

第四章

打雷下雨，你也会发抖？

——大自然真的很可怕吗

并不是所有动物都咬人

害怕动物的人非常多，而且，只要害怕一种动物，就容易对其他动物也心生忌惮。其实，并不是所有动物都咬人，尤其是家养宠物。

某些动物本身是有危险的，例如：老虎、鲨鱼等，害怕这些动物是正常的，然而有些动物未必对人造成伤害，例如：猫、鸽子等，如果对这些动物产生了不切实际的恐惧心理，给自己的生活造成了影响，就是动物恐惧症的表现了。

对动物恐惧的人在生活中有很多不便的地方，例如：一个害怕鸽子的人总是将窗户关上，不希望鸽子进来；害怕蜘蛛的人不敢在夏天穿短裤，唯恐蜘蛛咬到自己；害怕狗的人一看到狗就感到紧张、心跳加速，如果家人想养一只宠物狗，他必然要坚决制止；害怕飞虫的人不敢在室外吃东西，有的时候甚至还会排斥和鲜花离得太近。

女性比男性更加害怕动物，在动物恐惧症患者中，有 75%~90% 为女性。居住环境和社会文化也是影响人们对动物产生恐惧心理的因素。临近河边居住的人要比住在城市中的人更怕各种动物。意大利有个被狼蛛咬了会发疯的传说，这使一些意大利人比其他国家的人更加恐惧蜘蛛。

动物的各种特点都可能成为人们恐惧的对象，例如，鸟类会飞，有的人就会害怕空中的鸟撞在自己身上；能够发出声音的动物让人恐惧，狗叫声、蜜蜂的嗡嗡声可以成为人们恐惧的对象；一些动物丑陋的外观让人恐惧，很多人害怕虫子，一看到黑乎乎的虫子就会觉得恶心，害怕蛇的人甚至会“杯弓蛇影”或者“十年怕井绳”，有的人认为昆虫有很多脚是一件非常危险的事。

要想克服对动物的恐惧就一定要找到这种恐惧的来源。一般来说，对动物恐惧的来源有两种：第一种原因是曾有过被动物伤害的经历，例如儿童时期被蛇咬过、被蜜蜂蜇过，此后留下了深深的心理阴影；第二种原因与其说是恐惧，不如说是厌恶，有一些动物看起来不招人喜欢，如外貌丑陋（如蝙蝠）、动作令人发慌（如老鼠）等。不管因为什么害怕动物，都可以通过与动物接触克服恐惧心理。

一名女学生说她对蜘蛛的恐惧“历史悠久”，而她父亲则认为这种恐惧是完全没必要的，因为蜘蛛是一个比较“弱小”的动物，根本不用担心会被蜘蛛伤害，想让她通过多多与蜘蛛接触的方式克服恐惧感。

这名学生讲述了她与蜘蛛接触的两件事，第一件事是她在读小学一年级的时候，一次上课，铅笔掉在了地上，她弯腰去捡，正好看见一只蜘蛛飞快地从铅笔旁边爬过，她认为自己的铅笔被蜘蛛“污染”了，不敢捡起这支铅笔。另外一件事发生在体育课上，一群调皮的男孩子为了吓唬女生，将蜘蛛、毛毛虫等小动物往女同学衣服上扔，她被吓得惊慌失措、高声大喊。为此，她和几名男生还因为扰乱课堂纪律被老师训了。从此以后，她对蜘蛛采取敬而远之的策略。

心理学家认为，克服这种因为有创伤经历而恐惧的心理，主要应该从改变对蜘蛛的认识入手。女生的父亲在最开始采用了“以毒攻毒”的做法，让女儿经常看大量的蜘蛛，但是并没有取得很好的效果，女儿反而更加害怕蜘蛛了。这是因为一次性接受过于强大的恐惧刺激，让恐惧感变得更加强烈了。

心理学家建议的做法是从学习有关蜘蛛的知识入手。心理学家给女生讲了很多关于蜘蛛的正面知识，例如：蜘蛛是一种益虫，能捕获很多害虫；蜘蛛结的网非常牢固，蜘蛛结网的速度很快；蜘蛛丝有很多用途，甚至连天文学家都使用等。然后，心理学家让女生回忆她不害怕蜘蛛的日子和她能勇敢地面对蜘蛛的日子。

女生说她曾经将蜘蛛放在手上，观察蜘蛛怎样使用八条腿爬行。有一次一只狗在邻居家的小孩面前大叫，小孩子被吓得哇哇大哭，她勇敢地将狗赶走了。这两件事说明，面对可能有危险的动物，女生曾经是有很大勇气的。

因此，心理学家鼓励女生，说她可以成为一个既善良又勇敢的人，并将自信、勇敢、敢于承担责任等信念灌输给女生。此后，这名女生不再像以前那样害怕蜘蛛了，人也变得更加自信了。

一名女性对猫的恐惧程度已经到了极致，甚至对皮毛衣物都不能忍受，每次看到小区中的猫都躲得远远的。她对猫的恐惧有多种原因：厌恶毛茸茸的动物，不能忍受猫的叫声，认为猫是病菌的携带者。

这名女性没有被猫咬过或者吓过的经历。为了克服对猫的恐惧，她强迫自己与猫接触。在刚开始，她邀请朋友与她一起讨论有关猫的话题，让自己逐渐从“绝对不谈猫”的生活中走出来。在接触了听觉上的猫以后，她开始尝试接触视觉上的猫。她买了一本介绍各种猫的画册，尝试着用手触碰书中的图片。不过她发现，如果有家人在场，她就敢于一点点地触摸画册；如果她单独一人在家，她甚至不敢翻开画册。为此，她让家人买了一只宠物猫放在家里，让自己不得不接触真实的猫。

宠物猫关在笼子里，不会对人造成任何伤害。在这种情况下，她强迫自己每天在笼子前面观察一定的时间。经过一段时间的训练以后，她发现自己对猫的恐惧明显减轻了，于是开始尝试触摸真实的猫。经过几次尝试后，她已经能让自己在触摸猫的时候感到不恐慌了。过了一段时间，她发现如果她将猫抱在怀里，只是感觉到有一点轻微的不适，并没有将猫扔出去的冲动。通过与猫进行越来越亲密的接触，这名女性逐渐克服了对猫的恐惧。

对动物的恐惧可能是一类的，例如害怕蠕动的动物、害怕会飞的动物、害怕吱吱叫的动物等；也有可能只是一种特别的动物，例如，有的人讨厌一种昆虫，但和这种昆虫长相相似或者属于同一类的昆虫并不害怕。不管害怕哪一种动物，都可以用重新建立对这种动物的认识或者尝试与这种动物接触的方式克服恐惧心理。

怎么就不能到高处去

恐高可以从心理和生理两个角度理解，心理上的恐高是指看到比自己优秀、比自己能力更强的人有畏惧感，生理上的恐高是指害怕处于比较高的位置。这里所说的恐高均为第二种。

怕高不是恐高症患者的专利，普通人也经常对高度产生恐惧，尤其现代建筑有“少占地、多占天”的特点，不但商业楼盖得越来越高，居民楼也盖得越来越高。一些高层住户因为怕高，经常将所有的窗户都装上安全网，尽管如此他们还是害怕站在窗户上擦玻璃。高层住户还害怕乘坐电梯时遇到各种可能出现的故障。

英国的一项调查显示，大约 90% 的人都有恐高症状，主要表现在不敢站在高处的栏杆附近，不敢从高处俯瞰，不敢坐透明电梯，不敢进行需要爬到高处才能进行的运动等。这些症状都可以归结为正常的恐高症状，因为生活中没有那么多的高度需要面对，这些“高”也不会对实际生活造成太大的影响。

一些人的恐高症状比较严重，例如，在学校住宿的学生需要住上下铺，有的学生不敢住上铺；需要开车的人宁可绕路也不敢开车过桥；不敢处在不算太高的楼层；不敢站在椅子上贴对联等，这些症状可能对人的生活造成困扰，如果一个人的恐高症状属于这一类，就可以判断他患上了恐高症。有 20% 的人对高处有强烈的恐惧心理，有 5% 的人属于货真价实的恐高症患者。

怕高经常伴随着眩晕、四肢无力、晕厥、恶心等生理反应。当人处在高处时，不能看清低处的景物，所以会感觉到眩晕；人体的平衡感会因为身处高处而变差，因此会出现晕厥的现象。

害怕高的心理反应基本上是因为对危险的过度估计导致的。例如，一个人站在比较高的桥梁上时，总是担心桥会坍塌；一些商场经常使用透明玻璃的装饰，当一个人站在玻璃旁边俯瞰外边的景色时，能听到身后有各种各样的脚步声，因此他会担心有人将他推下去；一个站在楼顶栏杆旁边的人，可能担心栏杆不够高或者不够结实，一不小心从高楼掉下去。种种担心自己掉下去的想法都是夸大危险的结果。

克服恐高心理应改变人们对危险过分夸大的想法。可以采取两种方法，一种是想象，一种是直接站在高处战胜恐惧感。

通过想象克服恐高心理的过程是递进的。首先将恐高的程度分成不同的等级，并且按照严重程度从低到高进行排列。首先，放松全身的肌肉，闭上双眼，进入想象状态，开始想等级最低的恐高，如站在桌子上，爬不太高的楼层，坐在电影院里比较靠后的、较高的位置上看电影。人在想到这些情境时可能立刻就进入紧张状态，这是要告诉自己放松，逐渐适应这种紧张感。当级别比较低的恐高适应了以后，可以尝试想象恐惧感比较强烈的恐高场景，直至适应恐惧情绪最强的高度。经过多次想象联系，恐高症状就能够得到缓解甚至消失。

克服恐高需要接触不同的高度，证明高度带来的危险没有想象中的那么严重。人们猜测的电梯掉下来等危险其实并不会频繁发生。有的人站在高处时感到自己有跳下去的冲动，实际上除非有自杀倾向，这种冲动上的一跳基本是不会发生的。

恐高者需要做的就是站在不同的高度上体会自己没有跳下去的倾向，没有可能被人推下去，没有可能因为各种原因而跌下去。恐高者在最初的练习中可以选择危险性不太强的地点练习，如电影院中比较靠后的位置、游乐场中的一些刺激项目、阳台上等，之后可以选择从商场的高层向下看，甚至可以去高山上或者悬崖峭壁边缘感受。

高度的冲击越大、持续时间越长，对恐高者造成的情绪反应就越激烈，通过感受这些猛烈而又长久的刺激，恐高者就能认识到其实处在一个较高的地方并没有想象中那么危险。如果感觉背后有人推自己，可以让家人在背后不断地走动，渐渐地就会发现这种想法是杞人忧天的。经过多次练习，恐高者发现自己最初担心的各种危险并不存在，因此高度产生的各种身体反应也会渐渐消退。为了让练习效果更显著，每次高度体验的时间至少应该在30分钟以上。

使用这种方法克服恐高心理非常有效，一般来说，77%的恐高症都是可以治愈的，即使是非常顽固的恐高症，这种方法使用十几次也有可能治好。但是身临其境地感受高度的冲击并不适合那些有心脏病或者年纪较大的人。

当人站在高处时，可能感受到眩晕，这是视力混乱造成的。当眼睛适应了这个高度的观景角度时，眩晕感就会消失。让人在高空中感到平衡应该侧重于依靠肌肉系统，因此可以遮住一只眼睛，让身体控制平衡。为了增强人身体的平衡感，加强体育锻炼是非常必要的。

通过各种方式让人们认识到高空中的危险不那么严重和频繁是克服高空恐惧的基本思路。锻炼身体增强平衡感是一项辅助方法。只要保持积极的心态，不过度地思虑危险问题，恐高心理是能克服的。

打雷下雨，你也要发抖吗

打雷和打闪是一种释放巨大能量的过程，因此几乎所有动物都存在对暴风雨的恐惧心理，这是生物先天的本能。对于很多人来说，对暴风雨的恐惧甚至比对黑暗和死亡的恐惧还要严重。瓦列里·布鲁斯科夫曾经说过，胆小的人不是被闪电击死的，而是被吓死的。在所有人群中，有十一分之一的人对暴风雨有严重的恐惧，暴风雨恐惧症患者大约占人口总数的3%。

如果是轻微程度的暴风雨恐惧，那么不必过于担心，这只是人的一种本能。在暴风雨的天气里做出各种避免被雷击的行为都是符合科学要求的。但有的人的担心程度过高，或者防范措施的等级太高，就不属于正常的暴风雨恐惧了，在这种情况下就需要调整自己的心态了。

例如，以下做法或者想法都是不正常的：认为楼层的避雷设施是摆设，钻进汽车里（因为汽车的轮子是橡胶做的，有绝缘的作用）；躲在地下室或者没有窗户的房间里不敢出来；认为每年都有很多人死于暴风雨的夜晚；不断地收听天气预报，确保最近没有暴风雨天气。

人们对暴风雨有强烈的恐惧感主要来自两方面的原因：一是长期以来，人们都没有研究出雷鸣电闪的原因之前，对这一自然现象存在着很强的敬畏心理，到了近代以后，虽然人们已经能大致知道雷鸣电闪的原因，但是对自然现象的敬畏感还存在于人的潜意识中。二是为了应对雷击，人们采取了各种各样的措施，但很多人高估了暴风雨带来的危险，因此无法正视这种剧烈的自然现象。

因为暴风雨天气只可能发生在夏天，所以想通过在真正的暴风雨天气里以毒攻毒地克服这种心理是不切实际的。克服暴风雨恐惧的方法是改变对暴风雨危害过高的估计，辅助适当的心理承受能力练习。

首先，要充分了解雷鸣闪电的成因，这是天空中水汽和电荷运动的结果，“天神发怒”只是一种传说，没有科学依据。要将暴风雨看作是一种正常的天气现象，而不是将它神化。不要自己吓唬自己，不要考虑“遭天谴”“天打五雷轰”这些问题。

其次，要了解哪些措施是正常的雷雨天气防范措施。一般的防范措施包括：不要在雷雨天使用太阳能热水器和电热水器，不要开大功率电器，不要靠近门窗，要将窗户关紧，在室外的人不要在树底下避雨，上楼时尽量不要乘坐电梯等。但是如果认为在暴风雨天气应该拒绝接触一切导电的物体，包括水和各种小一点的金属生活用具，就属于防范过度了。不要将注意力集中在被雷击死这件事上，只要做一些必备的防范即可，应该像平时那样生活。

再次，很多人对暴风雨的了解都是一些负面或者有偏见的信息，尤其在暴风雨带来的灾难方面，总是认为如果天空中有打雷现象，那么地面上必然遭到非常严重的后果。网络和报纸上经常报道某地的大雨导致了多少人伤亡的消息。对于这样的信息要有一定的甄辨能力。

在大雨中死亡的人不一定都是被雷击死的，有一部分是死于洪水的。还要认识到，新闻将雷电致死这样的事情报道得非常震撼，可能是为了吸引读者。新闻之所以称之为“新”闻，这个“新”字非常重要，如果是过于普遍或者太过平常的事，可能是没有新闻价值的。要让自己认识到报道中的内容更加侧重这件事情的不平常性。

另外还要注意一点，雷电对人的威胁不是最大的，相比于因为吸烟患上癌症而死亡，吃了过多高脂肪的食物而患上高血压、糖尿病等，因雷电死亡的人数不是特别大。人们害怕的不一定是最危险的，经常忽略的反倒有可能存在很大的危险性。

很多科学家为了研究雷电，经常让自己暴露在自然界真实的雷电中，例如富兰克林、里赫曼等。这样做的目的不是鼓励害怕暴风雨的人到真正的雷电环境下冒险，而是让这些人不要将雷电想的过于恐怖。

最后，如果对暴风雨害怕的内容不是怕“死”的怕，而是怕闪电的强光和振聋发聩的雷声，那么就要通过一些锻炼提高自己的身体和心理承受能力了。对于害怕打闪的人，可以将照相机的闪光灯功能打开，照相机的闪光灯和闪电的闪光很大程度上是相同的，让自己适应在闪光灯模式下拍照。对于害怕轰轰雷声的人，可以找一些暴风雨的视频观看，体会身处暴风雨中的感觉，适应类似比较大的声音。

如果有真正的暴风雨天气来临，那么在真实的环境中锻炼自己的心理承受能力，克服恐惧感的效果最好。当然，这一定要在保证安全的条件下进行，为了克服恐惧心理而冒险站在雨里，是一件非常危险而又得不偿失的事情。

溺水死亡的人其实很少

如果将“对水的恐惧”表述更确切一些，应该是对“被水浸泡”或者“溺水”的恐惧，因为没有人对喝水产生恐惧心理。这里所指的对水的恐惧不包括对“洪水”的恐惧，因为当我们处在可能被洪水冲走的环境下，有恐惧心理是十分正常的。这里所说的“对水的恐惧”是指在正常生活下对可能接触到的水的恐惧。

有 2%~5% 的人对水有恐惧感。如果出去旅游，这些人可能选择去看花草树木，但是不敢选择看江河湖海，也不敢坐船；平时出行时尽量远离水池或者河流；有的人还会警告自己的亲人朋友“如果有人落水，你千万别冲出去救，如果你救人不成反而将自己淹死了，那实在是太悲哀了”。这些症状都属于比较正常的防范措施，如果连使用浴室的喷头和浴缸都害怕，情况就非常严重了。

如果具有在水中求生的相关知识或者会游泳，虽然可能认为水会让人丧命，认为靠近水可能有危险，但不至于让自己时时刻刻都离水远远的。在生活中，有很多可以接触水的机会，一些健身会馆有游泳池，一些南方的城市仍然保留着船这种交通工具，很多景区都有游船这样的娱乐项目。既然现实中有很多让人近水的条件，克服对水的恐惧就可以通过练习解除。

第一步，我们可以体会一下溺水窒息的感受。让嘴里含着一口水，体会嘴里有水的感觉。第二步，试图在嘴里有一口水的情况下说话，经过几次练习后就能了解溺水者在水中的感觉。第三步，练习在水中闭气。闭气是在水中生存的一项技能，为了在掉进水里时能有充足的时间逃生，一定要练习闭气。此时不一定到游泳池中练习，在一盆水中练闭气就可以了。

当能在安全的水中体会溺水的感觉后，就可以在有陪同的情况下到游泳池中练习游泳了。在游泳池中的恐惧感可能和地面上对水的恐惧感有所不同。因为当人在水中时，身体的重心会发生变化，会感到身体不断地向下沉；身体的姿势会发生变化，可能感到各种各样的不舒适；水中没有可以抓到的物体，因此没有攀附感；水中的压力和地面的压力不同，这让人在水中的呼吸方式发生变化，让人担心有被“呛”到的可能。

克服在水中的恐惧就要从这几点入手。在练习游泳前，应该做好各种应急救援措施，不断地告诉自己，即使在水中发生了危险，也会因为救援及时而得救，不存在自己想象的危险。

在浅水区中练习在水中行走，克服水中的压力，感受水的浮力，保持身体的平衡感。当人的身体找回平衡后，惊慌失措的感觉就会消失；练习在水中呼吸。在进水之前，深吸一口气，进入水中以后，练习闭气20秒，然后将头伸出水面，深呼一口。如此往复练习。这样做的目的是让自己知道一旦溺水，也能有几十秒在水中存活的时间，可以想办法浮出水面；练习游泳的其他姿势。前面的练习是为了让我们感觉到自己能在溺水后有一段时间反应以求救或者自救。

对于为克服对水的恐惧而练习的游泳，在刚开始不要刻意要求游泳技能，而是感受在水中的活动，适应由低级到高级的各种恐惧心理。至于游泳技能的提高，则是克服了对水的恐惧感之后才需要做的事。

以上的这些做法是为了让害怕水的人知道万一溺水事件发生在自己身上，自己是有方法自救的，而不是坐以待毙。这些练习解决了恐水者对“溺水后只能等死”的担忧。

有一些对水恐惧的人不仅因为害怕自己掉入水中后不知所措而畏惧水，还因为一些信息的误导而对水敬而远之。他们可能听到了太多溺水身亡、沉船，被鲨鱼吃了或者被水中动物伤害的新闻。如果这些负面消息导致对水的恐惧，就尽量不要接触这些消息，或者自我暗示这些事故都是不常见的。

例如，一般在沙滩或者浅水区等人类活动密集的地方，不会出现鲨鱼袭击人的事故。如果在景区坐船游玩时落水，景区的工作人员会立即开始救援。对于漂流这种比较危险的水上活动也没必要过于担心，为了保证游客的安全。漂流的路段都是经过仔细对比之后选择的。

如果在有帮助的情况下已经克服了对水的恐惧，那就可以尝试与自然界中的水近距离接触了。例如，尝试坐一次轮渡，参加一些水上游戏，到旅游景区划一次船。如果在这些活动中没有发生危险后，克服对水的恐惧这项任务就基本完成了。

黑暗并不是你想象的那样危机四伏

人们对黑暗的恐惧延续了几千年。当我们的祖先还处在原始社会的时候，他们在黑暗中不能驱逐野兽，只能眼睁睁地看着野兽向自己逼近，心中承受着巨大的煎熬。长此以往，每一代人都沿袭了祖先对黑暗的恐惧。当时，人们面对的危险都是确实存在的。然而现代人对黑暗的恐惧大多属于主观想象的，是自己吓唬自己的一种。

怕黑是有一定的生理性原因的。一些动物虽然视觉感官不是很强，但其他感官非常强，例如，狗属于色盲动物，而且狗眼睛所看到的物体都要比实际大小小了一半。动物们非视觉感官较强这一点让它们能适应不太明亮的光线。但人对视觉的依赖特别大，人的视锥细胞需要有比较强烈的光线才能有效工作。

当人处在黑暗中时，无法看清世界是什么样的。这让人在黑暗中发现危险的能力大大下降，人的本能反应就是保持警惕，以惊恐的状态“对敌”。此外，当我们的大脑在黑暗中不能接受来自眼睛的准确信号时，就用危险的事物填补眼睛看不见的内容，所以我们感觉到黑暗中的危险特别多，对黑暗产生恐惧心理也就不足为奇了。

婴儿害怕黑暗是非常常见的事，随着年龄的增长，人的认识会变得越来越实际，对黑暗的恐惧就会自然消失。如果成人也怕黑，那就属于一种心理问题了。一种可能是他在小时候遭受过创伤。在一场电视调解节目中，男嘉宾将他怕黑归结于他小时候的一件事：

在我小时候，还是很胆大的。我三岁的时候就自己一个人睡觉，我爸妈对我特别放心。那时候的我能半夜自己起来上厕所，一点都不需要我父母操心。不过有一次发生了意外，我起来上厕所的时候碰到了床头柜上的一个杯子，杯子掉在地上碎了，我被吓哭了。我父母看到以后，就让我每天晚上睡觉开着灯，这样就不用担心因为看不见东西而把东西打碎了。我开着灯睡觉这个习惯已经将近20年了，如果你现在让我关着灯睡觉，我肯定感到害怕。

成年人另一个怕黑的原因可能是主观上将黑暗与各种危险连在一起，他们在夜晚睡觉的时候经常做噩梦，整晚睡不好。

一位护士给一名熟睡的病人盖上了毛毯，第二天早上，病人惊恐地对医生说："我昨天晚上梦见狼了，它用脑袋蹭了蹭我的脚，然后是我的肚子、我的胳膊、我的胸口，最后它不停地在我的胸口上蹭啊蹭，一直不肯走开，我屏住呼吸不敢动弹，这头狼就在我的胸口上趴了一整夜，真是太恐惧了！我以后再也不敢在晚上睡觉了，我还是在白天睡觉吧！"这名病人怕黑的根本原因是：他将毯子想象成了狼，危险的事物都是他自己想象着造的。

人类的视觉构造决定人类怕黑是必然的，克服怕黑的心理不可能从改变人们对光线的适应感开始。克服黑暗最有效的方法就是直接面对黑暗。一名女生从小就不敢关灯睡觉，直到她上了大学仍然如此。室友们开始还能体谅她。但是开着灯睡觉对很多人来说都不能睡得安稳，后来室友们实在不想迁就这名怕黑的女生了，只要这名女生在睡觉的时候开着灯，马上就会有人关了。长此以往，这名女生"晚上开灯睡觉"的毛病就不治而愈了。对于怕黑的人来说，努力让自己适应黑暗是最有效的方法。

有的人怕黑与他们情绪过于敏感有关系，总是将黑夜与各种恐怖的事物联系在一起。如果有这方面的原因，就一定要制止这种胡思乱想的行为，不要渲染黑夜的恐怖性，不要听各种黑夜作案的传闻。

另外，害怕黑夜的人可以尝试体验一些夜生活，例如在城市中可以多去观看霓虹灯，遇到元宵、中秋这样的节日可以出去看看花灯；如果有放焰火的活动，也可以近距离体验一次；在农村生活的人可以在晚上出去看萤火虫等。习惯了黑暗比较美好的一面以后，对黑夜的恐惧感就会减轻。

如果有条件，可以采用松弛训练的方式克服黑暗恐惧。首先，将引起恐惧心理的各种黑夜按照等级从低到高进行排列。然后准备进行松弛疗法。让全身放松，开始想象恐惧级别最低的黑暗场景，如果感到紧张不安，则放弃想象，做几次深呼吸，当全身放松后再次想象，直到这一种恐惧感消失。依次对更高级别的恐惧场景进行想象，直至克服所有的恐惧心理。进行放松训练时，选择一个安静，没有干扰的环境，效果最好。

第五章

恐惧广阔，害怕狭窄

——跟场所恐惧症说再见

什么是广场恐惧症

广场恐惧症，就是对在公共场所和开阔地的恐惧。在希腊语中，广场恐惧这个词是从市场、聚会的场所这些含义引申而来的，所以从字面意思理解，市场是个人多又空旷的地方，这两点就是广场恐惧的原因。

很多广场恐惧症患者自身也说不出他们恐惧的原因。心理学家对广场恐惧的原因主要有两种猜想，第一种猜想是依恋性人格的人不愿意离开自己惯常的环境，不喜欢到陌生的场所。第二种猜想是过于空旷的空间容易让人感到恐慌。如果一个人曾在某个场所有过恐慌的经历，那么当他再次到达这个场所，或者回忆起那次的恐慌经历时，他的恐惧感会加重。

一般来说，广场恐惧很少发生在儿童身上，主要发生在成人身上，而且主要针对 18~35 岁的成年人。其中以女性最多，女性广场恐惧症患者占到了广场恐惧症总人数的三分之二。

心理学家认为，这与人们的社会文化观念有关。人们习惯性认为胆小而含羞是女性的性格特点，女性因此被教育得胆小、不愿意出门；大家对男孩子的期望则是坚强、勇敢，多出去见世面。所以，女性广场恐惧症患者要比男性多很多。

广场恐惧的症状体现在三个方面：一是在空旷的地方或者人多的场所有强

烈的身体反应；二是想方设法逃避与“空旷”和“人多”相关的场景；三是如果到了令人恐惧的场所，一定要有让自己可以转移注意力的事物。

心慌是广场恐惧最明显的特点。有些人在空旷和人多的地方非常容易心跳加快，感到缺氧和窒息，有晕厥的感觉，希望有可以让自己依靠的东西，有的人甚至还感觉自己的身体已经不是自己的了。在人口密集的地方，会感到四肢冰冷、反胃、恶心，经常出现无端的担忧和害怕。其他的身体不适还包括：出汗、闷热、胸闷、肌肉颤抖、感觉异常等。这些表现与恐慌症是一致的。

另外，当广场恐惧的人身体出现不良反应时，可能会因为过于重视身体反应，而给生活带来麻烦。

实际上，因恐惧而产生的身体反应很难被精神科以外的医生检查出来。以心悸为例，一个人因恐惧而心脏不舒服的时候，可能会想：我患上了心肌梗死，太要命了，赶快看医生吧！心脑血管科的医生经过检查后，告诉他“你的心脏根本没问题”。从医院回去以后，当类似的恐惧袭来后，心脏仍然感觉不舒服，便再次去医院确诊。不管检查多少次，医生的答复始终是“你的心脏根本没问题”。这个时候就可能产生“我已经患上了医生都无能为力的疾病了”的想法。这种恶性循环无疑会让当事人的恐惧感越来越严重。

在广场恐惧的作用下，人们将外出作为最危险的事物而排斥。有的人喜欢大雪天气，因为他的视线被遮住以后，可以不用看到太宽阔的区域了。同样，黑夜要比白天受欢迎，因为人在黑暗中能看到的范围有限，所以黑夜似乎要比白天更让人舒服。

“广场恐惧”中的“广场”并不是指单一的广场，而是泛指在视觉上能够感受到的所有无边无际的区域。按照这个范围来划分，滑雪场、运动场等空旷地带属于恐惧范围，大型商场、超市、电影院这些范围比较大的区域也属于广场的范围，甚至汽车站、火车站等地点也包括在内。他们为了避免看到这些空旷的地方宁愿绕路。

有广场恐惧的人比较喜欢范围较小的地方，比如家里，能够一眼望到头，给人以安全感。所以，避免外出是广场恐惧的表现之一。这些人不敢出家门，不敢过马路，不敢去商场、电影院、饭店、地铁站等人多的地方。社交恐惧者也不敢去人多的场合，但他们恐惧的对象是“与人打交道”。广场恐惧者不敢出门的原因是对“场所”恐惧。所以虽然这两种恐惧有相同的表现，但并不是一回事。不过广场恐惧引起社交恐惧的可能性是存在的。

虽然广场恐惧的人更青睐不太宽阔的场所，但这些比较小的场所一定要给他们安全感，他们才会喜欢，像电梯、汽车驾驶室这样的地方，虽然狭小，但不能给人安全感，也是广场恐惧者想要远离的地方。理发也是广场恐惧者极力避免的，因为坐在理发店的椅子上，任凭理发师在头上摆弄，让人感觉这种姿势不方便逃跑，所以理发店的椅子被列为不安全的场所。

严格来说，转移注意力也是一种逃避的表现，逃避的对象是自己的身体感受。比如，坐在车子里的人为了不发现自己的恐慌而将音乐打开；出门的时候尽管天气非常好也要带着雨伞，这样就可以将注意力放在雨伞上了，暂时不能顾及自己的心慌；外出就餐的时候需要看一份报纸，这样就不用看比较广阔的空间了。

广场恐惧可能只会带来轻微的痛苦，但在遇到较大的打击时，后果也比较严重。人们可能因为广场恐惧而减少外出，使社交的范围越来越狭窄。由于广场恐惧中“广场”的范围比较大，它可能还会让人们产生其他的恐惧。

硬碰硬地直面恐惧，比回避有用得多

由于广场恐惧的原因并不是十分明确，克服广场恐惧的目的不是从原因的角度消除恐惧感，而是尽量让人们恢复正常的生活。有一些短暂的广场恐惧可以任其“自生自灭”，过了几个星期或者几个月以后就会自行消失。而起伏不定的广场恐惧最让人感到折磨。

克服广场恐惧需要改变对身体反应过度关注的思维。恐惧是一个恶性循环的过程，当遇到恐惧的情境时，人的身体会本能地产生一些不良反应，重视身体的感觉会加重人的恐惧感。当人处在恐惧的状态时，身体很难自行恢复正常。所以打破恐惧的这一恶性循环，从控制身体反应开始是必要的。当身体有了不良反应时，稳住情绪，不要让慌张的情绪加剧身体的不适。当感到头晕的时候，不要想着“有没有人扶着我？我就要晕倒了”。最好暗示自己：“没关系，虽然有一点头晕，但很快就会过去。”

恐惧的人往往给自己贴上“能力不足”的标签，认为自己在恐惧之下除了逃避和忍受，没有其他办法，认为对抗恐惧是绝不可能出现在自己身上的事。正确的心理暗示是：虽然我现在非常焦虑，但一定会没事的。我要控制住呼吸，我不能太过紧张，我很快就可以恢复正常了。

要相信自己的意志力。有的广场恐惧是波动的。不愿意出门并不是因为懒惰，而是那个时间段对出门的恐惧比较强烈。在二战时期，曾经有一名犹太女士住在维也纳，她平时活动的范围就在自己的房子附近。当时德国正在对犹太人进行大清洗，她有两个选择，一是等着纳粹分子将她带入集中营杀死，二是克服广场恐惧逃出去。后来，她终于迈出远离家门的一步，在世界周游了两年，最后在纽约安定下来。

在外界环境的压力下，这位犹太人可以克服广场恐惧。生活中不一定有这种不克服恐惧就可能被杀的事情出现，但恐惧给生活带来的各种不便是每个人都能切身体会到的。想一想自己被恐惧折磨成什么样，激起战胜恐惧的斗志，不要一味地屈从恐惧。

放弃对安全感的追求。空旷场所没有边际的特点让很多人感到迷茫和不安。广场恐惧的人不但对没有边界的事物缺乏安全感，还对自己不能逃脱空旷缺乏安全感，所以控制不住自己逃离这些场所的冲动。

让自己认识到陌生的环境不一定就是危险的，想象一下每天去广场散步、去超市购物的人有多少，这些人都没有遇到危险，也没有在广场或者超市有不安的体验，那么自己也一定和众人一样，能够安全地在这些场合停留。

放弃回避的想法。广场恐惧的人为了避免恐慌感，可能想到了这些方法：

喝咖啡、掐自己、用冷毛巾敷脸。这些回避的做法都不可能让人远离恐惧。有的人为了不让自己外出，给自己找了很多冠冕堂皇的理由。如果有回避的想法，一定要将其遏制住。广场恐惧的人应该认识到：直接面对恐惧要比回避恐惧有用得多。

有些人对空旷地的恐惧是由曾经的心理阴影导致的。比如小时候曾有在大商场找不到家人的经历，这种恐惧便深入到他的记忆中了。克服这种恐惧需要重新唤醒当时的记忆，仔细体会当时的感觉，任恐惧感肆虐，直到将曾经的创伤当作一段没有感情色彩的记忆，这时恐惧感就会降低。

克服广场恐惧的几种具体方法

彻底克服广场恐惧的方法就是坚持走出家门，到令人恐惧的场所感受恐惧感。这个过程需要由简到难，而且需要不断地重复，直到能够适应广场环境。

首先选择一些广场恐惧者不去或者很少去的场所，比如商场和汽车站。然后按照先易后难的顺序慢慢地进入这些场所，试图在这些场所多停留一段时间，直至在没有人陪伴的情况下也可以独自出门去任何地方。

苏珊的广场恐惧已经伴随她多年了，为了让自己摆脱恐惧的困扰，在朋友和家人的帮助下，她开始了这样一个练习过程。

一、练习走出家门

在最开始的时候，由她的家人陪着她走过一条马路。她在第一次尝试的时候恐慌的情绪特别激烈，多次想要放弃，但都被她的家人阻止了。无奈之下，她只能再次进行尝试。多次尝试以后，她的反应没有刚开始时那样强烈了。

但这个小小的进步还不能算是克服了恐惧感。第二步练习是在朋友们在远处观望的情况下，独自一人过马路。有过成功的经历，苏珊在挣扎之后也做到了这一点。

第三步是在有人陪伴的情况下多过几条马路，争取离家远一些。苏珊走在前面，她的亲友跟在后面。最初，朋友们离她比较近，但一个小时过去以后，两者之间的距离就越来越远了。可以说，苏珊基本可以独自一人走在离家很远的街道上了。对于这个可喜的成绩，苏珊自己也感到很意外。但是对于需要经过公共草坪、医院、城市公园的路段，苏珊认为她还是没有勇气经过，宁愿绕路也要离它们远远的。

二、练习乘坐公交车

有过练习过马路的经历以后，乘坐公交车对于苏珊来说已经不是那么困难了。她需要从坐一站地的公交开始练习，然后是两站、三站……首次练习的时候需要有家人的陪伴，她才能感到安心，但随着她熟练程度的增加，即使没有亲友陪伴，她也可以独自乘坐公交车了。

三、练习接近人多热闹的地方

这项练习要比过马路和坐公交车有难度多了。马路和公交车的环境相对于人流较多的公园、广场、商场而言，封闭性要大一些。广场和商场的环境更加开阔。

第一天，苏珊在有人陪伴的情况下，在商场的各个出口站立了一分钟。她对空旷的环境和人来人往的现象感到非常头晕，控制不住自己将要晕倒的身体。不过，在亲人的鼓励之下，她还是坚持下来了。这项练习持续了好几天，那时她已经可以比较淡定地站在商场的各个出入口了。

几天后，她需要练习走进商场。商场内部要比出入口更加空旷，所以苏珊的强烈的身体反应再次出现了。让她完全在商场走一遍是不现实的，所以她只能尽量地多往里面走一些。每天多进入一点点。过了一段时间，她已经比较坦然地进出商场了。

四、练习去超市购物

虽然超市的面积并不一定比商场的面积大，但超市的人流要比商场的人流多，仍然算是复杂的“广场”。苏珊此时需要练习的是让自己习惯于待在人流中。

第一天，她在超市买了很少的商品，选择了队伍最短的收银台结账，她走的时候可以用“落荒而逃”来形容。她甚至发誓说“我再也不来这个地方了”。选择最短队伍结账的练习在持续了几天以后，苏珊的恐惧情绪明显下降了。

几天以后，苏珊买的商品比较多了，开始练习选择长度适中的队伍结账。又过了一段时间，她开始练习始终排在队伍后面。对此，超市的安保人员感到非常奇怪，不过在向安保人员解释清楚后，苏珊还是坚持下来了。

到此为止，苏珊基本已经克服了各种广场恐惧症，她剩下要做的就是多找一些开阔地巩固她的练习成果。

从这个练习记录中可以总结出克服广场恐惧的一般思路：逐渐习惯令人恐惧的环境，直到完全不害怕。这些恐惧的环境在难度上应该是递进的，让人一点点地获得自信心。当恐惧感上升的时候，不能用逃避的方式对待，否则就会前功尽弃。总之对抗恐惧的原则就是逐渐习惯。

恐惧带给人身体上的感觉也是需要克服的。因为广场恐惧的身体反应非常明显，所以控制广场恐惧的身体反应也是一门专门的学问。

很多人到了空旷的地方都有“头晕”“蒙”“迷糊”的感觉，这就需要提高对抗眩晕的能力。找一个能够旋转的椅子做道具，用一只脚尖点地，扭动椅子，让椅子和身体都转起来，每次持续一两分钟。几乎任何人在进行这项运动的时候都会感到头晕，但不要将不能适应当作放弃的理由。多次练习以后就不再害怕因为恐慌而产生的头晕感了。

其次是呼吸方式的练习。50%~60% 的人在惊恐的时候都会过度换气，很多身体的不适应都是从过度换气开始的。为了避免换气过度，可以练习腹式呼吸。首先，深吸一口气，让气流到达胃部，这时胃就会鼓起来。呼气时，胃应该是瘪的。然后，按照平时呼吸的方式吸气。呼吸的时候一边放松，一边数数。进行这样的循环：吸气 5 秒钟——呼气 5 秒钟并放松——吸气 5 秒钟——呼气 5 秒钟并放松……这样的练习可以每天持续十分钟，如果时间充足，可以练习更多次数。

克服广场恐惧的目的是让人们走出待在家里的状态，恢复正常人的生活。

此外，由于广场恐惧常常与恐慌联系在一起，身体反应比较强烈，所以良好的体魄对广场恐惧至关重要，加强体育锻炼也是非常必要的。

在幽闭空间中，怎样摆脱窒息感

幽闭恐惧是一种对封闭空间的恐惧，这种恐惧与空间过小，自我感觉到的窒息、缺氧有关。幽闭恐惧是一种非常普遍的恐惧，但只有那些心理素质较差的人发展成了幽闭恐惧症。

根据英国的调查，有 60% 的英国人在通过英吉利海峡底部的隧道时感到焦虑。根据美国做的调查，大约有 12% 的人对封闭的空间感到非常恐惧。在成年人中，有 2%~5% 的人对封闭空间的恐惧已经到达了恐惧症的程度。任何人都有可能有这种恐惧感，不过在 20 岁左右才出现相关的症状。

对幽闭空间感到恐惧的人讨厌人多密集的场所，这是因为在人多的场所让他们感到窒息，这一点与社交恐惧不一样，对社交感到恐惧的人因为害怕与人交往而讨厌人多的场所。

幽闭恐惧的人几乎对所有和封闭空间有关的场所都感到恐惧，这些场所包括：电梯、阁楼、洞穴、没有窗户的房间、没有灯光的房间、睡袋、地下室、浴室、隧道、飞机客舱、火车车厢、汽车驾驶室、楼梯间、帐篷等，有的人甚至无法忍受过紧的衣领和袖口。这些人一进入这样的空间就会感到窒息、缺氧、因为换气过多而呼吸加快、心跳加速、脸红、流汗，在情况严重时还有头晕目眩、濒临死亡的感觉。一旦进入这些场所就不由自主地想要逃离。

对封闭的空间感到恐惧可能与遗传有关，生性胆小的人很容易在成年后恐惧封闭的空间，不过更多的原因是曾经的经历，尤其是儿童时期缺乏父母的关爱。

如果一个人在儿童时期受到了粗暴的对待，例如父母的要求特别严格，有的时候恶语相向，那么他的心理承受能力可能就比其他人要低一些，也可能形成自卑、懦弱的性格，成年以后就会对封闭的空间有心理阴影。有的父母不在家时将孩子锁在家里，不断地告诉孩子："无论谁来都不要开门。"孩子听到有人敲门的时候就会躲起来，久而久之就会对狭小的空间产生恐惧，当然这种恐惧也可能包含着对父母不理自己的厌恶。

摆脱对幽闭空间恐惧的最好方法就是接受它。可以从摆脱想象中幽闭空间开始练习，逐步过渡到实际生活中的狭小空间。在一个安静的房间内闭上眼睛想象自己置身于封闭的空间中，想象令人恐惧的各种场景，例如电梯在运行中卡住了，逐渐感觉到窒息；被锁在房间里出不来；列车行驶在隧道中等。

当想象到这些场景以后可能会感到呼吸困难、脸色苍白、肌肉紧绷，但是不要尖叫、抱头、堵耳朵、闭眼睛，不要想着逃跑，正视并接受自己的这些感觉，然后发现自己的各种恐惧反应都是没有道理的，因为让人害怕的场景并没有发生。

完成了想象练习以后，就可以接受一些视觉上的幽闭空间了，找一些幽闭空间的图片或者视频，通过观看这些令人恐惧的场景，唤起心中的恐惧感，和想象练习时的做法一样，不要压制自己的恐惧反应，让自己逐渐适应身体上的不适。

生活中封闭的空间比较多，这些场所都可以用来练习克服恐惧感。

比如认为戴着面具会让自己因为缺氧而窒息死亡，就试着戴面具或者用床单将自己蒙起来，经过十几分钟再拿开，可以发现虽然头被套起来了，但是自己并没有窒息而死。

如果认为在电梯中感到恐惧，就找一部没有使用的电梯，进去以后停在某个楼层不动，模拟电梯被卡住的场景，在电梯内待一段时间以后再出来，这样就可以证明即使电梯发生事故，被困在电梯内部也不会窒息死亡。

如果汽车的驾驶室让人感到恐惧，就到驾驶室中坐一段时间。同理，如果认为洞穴、阁楼、隧道等是让自己感到恐惧的场所，那就到这些场所去适应一下。

需要注意的是，初次到这些场所后身体可能感到不舒适，还有逃跑的冲动，如果有这些反应，一定不要回避自己的不适感，不要逃跑，一定要在这些场所停留一段时间，每次至少 30 分钟，每种封闭空间都要进去并停留 3~4 次，这样才可能有效果。

除了窒息恐惧以外，幽闭恐惧还表现在害怕被困。对于这种恐惧也需要用直接面对的方式克服。例如，让家人把自己锁在一个小房间内，自己不能从这个房间出去,然后适应被困而不能出去的感觉。当适应了被锁在房间的恐惧以后，选择更小的空间被锁起来，例如衣柜，一般来说衣柜内部是黑的，空间比较小，但却是透气的，不用担心在衣柜内缺氧死亡。经过几次练习以后，就可以克服被困的幽闭恐惧了。

在克服实际的幽闭恐惧时，可以按照由易到难的顺序进行。也就是说把自己恐惧的场所按照害怕的等级进行从高到低的排列，然后从恐惧等级最低的场所开始练习。

在适应了幽闭环境中的恐惧感以后，可能对封闭环境中出现的危险仍然存在担忧。这时候就需要通过改变自己的想法来克服幽闭恐惧。以缺氧窒息为例，首先想象人们处在哪些环境中可能缺氧死亡，一般是封闭不透风的环境，但我们实际生活中遇到的封闭环境都是透气的，电梯、驾驶室、头盔、潜水面具都是透气的，根本不用担心因为缺氧而死亡。

然后问一问自己周围的人有没有过在封闭环境中缺氧难受的经历，再到网上寻找是不是有人在电梯中或者汽车驾驶室中窒息而亡，一般来说基本没有这种情况。如果有也是极个别的，那么就要暗示自己：“我怎么可能成为那些极个别的人之一呢？”

这样做的目的是从信念上确认即使处在封闭的空间中，也只有很小的概率发生危险，或者说对于每个具体的人而言，封闭空间根本不会对人造成危险。这是一个改变想法而降低恐惧感的做法。

第六章

空难概率只是四百七十万分之一

——交通工具没你想的危险

真有那么多马路杀手吗

如今私家车越来越多，有的人却因为各种各样的原因而产生了与之有关的心理障碍。最直接的表现是在驾驶中感到焦虑，全身肌肉紧张，尤其是腿部的肌肉经常发抖，踩油门或者刹车的时候手忙脚乱，比较严重的表现还有不敢开车等。

驾驶恐惧有两个来源。一是车祸留下了心理阴影，有 20% 的人在车祸中受到伤害后会患上驾驶恐惧症，直接影响他们的生活。二是不相信自己和其他驾驶员的驾驶技术，同时担心他人对自己的驾驶技术没有信心，总是担心因为驾驶技术不过关而出事故。

这些担忧包括：害怕被酒驾的驾驶员撞到，害怕在停车场停车时不能将车停在恰当的位置上，害怕违反交通规则，害怕将行人碰到，害怕停车时间太长后面的司机鸣喇叭或者与后面的司机发生争吵，害怕在一些不太好的路段，例如车辆密集、急转弯、上下坡等路段失去对车子的控制等。

存在各种担忧是正常的，如果驾驶员有适度的担心，那么他在驾驶中要不断提醒自己注意安全，反而会降低出车祸的可能性。如果对驾驶有过度的担忧，那么就需要克服对驾驶的恐惧了。

克服驾驶恐惧的最直接方法就是提高驾驶技术。如果有了高超的驾驶技术，则不需要担心自己开车时出事故了。最好到比较专业的驾驶培训学校学习。学习驾驶时应该遵循由易到难的原则，逐步掌握各项驾驶技术。例如，先从比较平坦、车辆较少的路段开始练习，然后练习在颠簸、有转弯的路段上行驶，最后练习在人流、车流比较密集的路段行驶。这样做的好处是每取得一小步进步，都能增强驾驶员的信心。对于自己害怕的驾驶问题，绝不应该回避，虽然回避能减轻一时的恐惧，但却让人彻底失去了克服这种恐惧的机会，最好也用逐步克服的方式练习。

如果总是担心刹车时后面的车撞到自己的车，可以让陪练或者朋友在自己的后面开车，在多次练习中找到怎样进行急刹车的窍门。为了防止在实际驾车中遇到无法控制的局面而手足无措，最好提高对自己的要求，练习一些技术要求比较高的技能或者平时基本不会用到的技能。即使不需要在人流、车流多的路段驾车，或者不需要在颠簸的路上驾车，最好也练习在这些情况下驾车。

如果能完成比较有难度的练习，能够有效增强人的自信心。平时驾车时就可以安慰自己“比这还难行驶的路我都可以过去，我一定能顺利开过这段路”。

当已经有了足够的驾驶技术上路时却担心自己的驾驶水平不高时，就需要重新认识自己的驾驶水平。在驾校里，有的教练耐心极差，经常将学员骂得狗血淋头，让学员总是怀疑自己的驾驶水平。家人或者朋友也有可能因为不耐烦反复教一个人驾驶，总说“就你这个技术还是坐公交比较靠谱”。

如果经常得到负面评价，要想一想这些负面评价是不是在他们极其不耐烦的情况下给出的。如果不是，那么继续练习驾驶技术是必要的；如果是，那就需要找一位局外人给出更为客观、真实的评价。

如果有对驾驶中出现的各种问题过于悲观的估计，需要用一些实验或者与他人交流的方式改变自己过于悲观的想法。如果担心绿灯亮了以后无法及时启动车子，后面的司机可能不耐烦而按喇叭，甚至担心有的司机脾气不好而直接大打出手，不如验证一下后面的司机会不会有各种过激的行为。

选择一个红绿灯路口，当绿灯亮了以后不要启动车子，观察后面的司机会在多长时间后按喇叭。一般来说，只有当停车时间在 30 秒以上，交通已经堵塞的情况下，后面的司机才会按喇叭。30 秒钟对于重新启动车子已经足够了。大多数人都没有与人发生冲突的爱好，不到无法忍受的情况下是绝不会动手的。

如果认为一个路口的实验结果只是偶然现象，可以在不同路段的路口进行实验。当然，进行实验时不要阻碍交通，这样做的目的只是纠正自己不切实际的想法。

克服驾驶恐惧一定要把不必要的担忧彻底打消。“同类换算”就是一种非常实用的打消担忧的方式。

如果总是害怕在驾驶过程中有酒驾的驾驶员撞上来，就可以询问自己有驾驶经验的亲朋好友：“在你们 × 年的驾驶历程中，有多少次遇到酒驾的驾驶员撞过来的情况？”如果总是担心车祸找上门，可以询问他们：“你已经开了 × 年的车了，遇到过几次车祸？这些车祸有多严重？原因是什么？”在一般情况下，只要遵守交通规则照章行驶，是不可能无缘无故卷入到车祸中的。

在一定范围的交际圈内，在驾驶中遇到的非常不愉快的情况并没有想象中的那么多。亲人朋友们传递的信息应该都会给我们吃下一粒定心丸。

飞机的安全度非常高

航空已经成为一种非常重要的交通方式了，打折机票、特价机票越来越多，使更多的人愿意选择这种交通方式。不过世界上有 8%~11% 的人对飞行存在恐惧心理，有 3.5% 的人属于飞行恐惧症患者。对于经常出差的商务人士和喜欢旅游的人来说，害怕乘坐飞机是一件非常麻烦的事。

虽然飞行恐惧与对高空生活的不适应有关，这里所说的飞行恐惧的范围不包括高空恐惧（属于恐高症范围），也不包括幽闭空间恐惧。

产生飞行恐惧的主要原因是认为航空是一种不安全的交通方式，存在各种各样的担忧，例如：乘坐飞机时害怕天气变化引发飞机空中出现故障，害怕飞机起降不稳。乘坐飞机与乘坐汽车的一点不同是，乘坐汽车时我们能看见驾驶员手握方向盘在操作，但飞机的驾驶室是乘客看不到的，所以有的乘客担心驾驶员存在酗酒、睡眠不足等问题，导致飞机无法完成航行。

人们在陆地上生活了几百万年，已经习惯了这种生活环境，这让人潜意识中感觉在空中飞行是一件违背常理的事情。虽然科学家已经攻克了有关飞行的各种难题，但人们心中潜在的不安和排斥还没有得到排解，这使得恐惧飞行成为必然的事情了。

对飞行有恐惧的人，极力避免选择乘坐飞机出行，有的时候甚至宁愿多坐十几个小时的火车。如果迫不得已非要坐飞机出行，他们在飞机上会感到极不安稳，一方面身体可能出现各种不良反应，例如咬手指甲、紧张、心跳加快、眩晕、恶心、呕吐等，为了缓解身体上的这些不适，有的人在乘飞机时要使用抗焦虑药物或者大量饮酒的方式转移自己的注意力；另一方面，心理上承受着巨大的煎熬，总是盼望着快点到达，只有降落在平地上才能找回安全感。

如果在飞行中只有轻微的恐惧感，那么并不需要特别在意自己是不是患上了恐惧症，做一些转移注意力的事情就可以缓解恐惧感。一些人对高空与地面不一样的气压非常敏感，在飞行时出现鼻窦和中耳堵塞的情况，因为身体不适，所以感觉害怕。这种情况属于正常现象，只要多做几次深呼吸就可以缓解。听音乐、看报纸、延长用餐时间都能有效地将自己的恐惧感暂时忘记。

克服飞行恐惧的重点是改变对飞行危险的认识。对飞行存在恐惧心理的人往往将飞行可能存在的危险无限夸大，他们的想法是：乘飞机肯定是有危险的，不然为什么乘飞机的安全须知要比坐火车、汽车多得多？为什么航空中的保险和赔偿要比其他交通方式多得多？如果存在这种心理，就要不断地暗示自己：任何一种交通方式都是存在危险的，不能通过应对危险方式的多少来划分危险的等级。

新闻报道对飞机失事的报道影响了人们对飞行安全性的看法。为了克服飞行恐惧，一定要找到充足的数据证明飞行不足以令人恐惧。

以 2004 年为例，全球约有 18 亿人选择乘坐飞机出行，约 100 人死于飞机失事。以这个比例来计算，一个人乘坐飞机时发生危险的可能性是非常小的。凭个人的直觉也应该能感受到，死于车祸的可能性要比死于飞机失事的可能性大。

还可以用纵向对比的方式证明乘坐飞机没有想象中的那么危险。例如，有位航空专家曾经发布过这样一组数据，在1991年，每一百万次飞行中发生人员伤亡的次数是1.7；这个数据在1999年变为1，到了2000年，已经降到了0.85次。

我们关注的重点不是这些数据是否真实可靠，而是用这些数据说明，对于一个随机的人乘一次飞机，发生事故的概率几乎为零。多多寻找此类数据能让有飞行恐惧的人逐渐放弃他们对危险的过度估计。

从比较专业的角度打消对飞行安全的质疑，对减轻飞行恐惧是大有益处的。网上和图书中都有关于飞机各方面原理的资料，可以从这些资源中了解飞机的构造，飞机能浮在空中的原理，航空公司的运作流程，飞机上的驾驶员、机长、安保工作人员、空乘人员等工作人员的工作内容等。

这样做可以增强对飞机的信心，让人相信飞机的设计是合理的、科学的，各种安全隐患都被设计者考虑到并得到了妥善的解决；让人相信机组工作人员是敬职敬业的，这些人完全能保证乘客的安全，如果万一发生故障，机组工作人员也能迅速地做好各项工作。了解这些资料的目的是增加对飞机和航空公司的理性认识，减少甚至消除一些完全没有必要的担忧。

克服飞行中的焦虑感可以采用想象暴露的方式。集中精力想象飞行中自己害怕的场景，想象自己身体可能产生的各种感觉。经过几次练习，身体的不适感就会逐渐减弱。

因为飞行需要一定的成本和时间，所以在真实的飞行情境下练习克服恐惧感显得不太现实。因此，可以借助一些模拟的情境克服飞行恐惧。虚拟现实是一种借助于计算机技术模拟真实情境的技术。现在已经有专门用于克服飞行恐惧的电脑软件了。游乐场的一些设施虽然不能完全模拟飞行的状态，但多少都存在一定的相似性，去游乐场体验一些与飞行有关的刺激性项目也是练习克服飞行恐惧的一种途径。

电梯恐惧的复杂性

电梯恐惧是一种混杂着多种恐惧的综合性的恐惧心理，最主要的恐惧包括：社交恐惧、幽闭恐惧、事故恐惧。

担心出事故是电梯恐惧中比例最大的一部分。城市的高层建筑越来越多，使用垂直升降电梯是一件不可避免的事。有的人在乘坐电梯时特别担心自己可能要做自由落体运动。这种担忧可能来自两方面：一是自己有过切身经历的自由落体经历；二是电梯出事故的新闻频繁被报道，让人无意识地对电梯有抵触情绪。

担心电梯的门开不开，使自己被封闭在狭小的空间中出不来的人也很多，如果电梯内没有手机信号，那么能否求救成功都是让人担忧的问题。另外，有些企业的电梯分为两种，例如饭店和超市，一种电梯的设施比较好，是顾客使用的电梯；但员工使用的电梯就不敢恭维了，另外饭店或者超市运送货物的电梯可能比较油腻，员工感到会滑倒……总之，人们对电梯的安全隐患特别关注。

那些有过“电梯惊魂”经历的人对电梯的恐惧感最为严重，甚至宁可爬十几层的楼梯都不愿意坐电梯。人们可能感觉垂直电梯不安全，但对自动扶梯式的电梯也担心安全问题，例如担心电梯突然逆转运行，担心发生踩踏事故等。

出于对电梯安全问题考虑而产生的恐惧感可以用改变想法的方式克服。例如，在乘坐电梯时多做几次深呼吸，进行积极的心理暗示，心中默念：这部电梯几乎没有出过事故，我不会恰好就遇到。

克服电梯恐惧需要增加对电梯的了解，多学习一些电梯使用的知识，了解电梯的工作原理、安全结构、发生事故的原因和概率，学习发生意外事故时应该采用的救急知识。当对电梯了如指掌的时候，自然就不害怕乘坐电梯了。在有亲朋好友陪伴的情况下乘坐电梯，恐惧和焦虑的情绪会有所缓解。

针对因为电梯恐惧而产生的焦虑感，可以用想象暴露的方式克服。想象令自己恐惧的场景，例如电梯突然坠落，夹在两个楼层之间，根本出不去；

电梯突然停电，里面漆黑一片；被困在电梯中等。想象这些场景时可能感觉到不舒服，身体开始紧张，这个时候不能逃避，不要闭眼睛或者大哭，要直面自己的恐惧感，当自己能适应这种恐惧感时，就不再认为乘坐电梯是一件难熬的事情了。

乘坐电梯的恐惧中有一种距离恐惧，也就是害怕与人靠得太近。一般来说，人与人之间的社交距离是 123 ~ 366 厘米，亲密距离是 0 ~ 45 厘米。在电梯中遇到并非最亲密的人，却要保持最亲密的距离让很多人在心理上难以接受。

尤其是面对上司或者下属的时候，会感到非常尴尬，害怕自己给上司留下不好的印象。此外还觉得没有话题可以说，但也不想维持冷场的局面。对于领导而言，在电梯中遇到下属也是一件让自己感到不安的事。因为有的下属过于殷勤，甚至溜须拍马。过分的热情让有的领导感到无所适从。对于下级而言，不要将电梯交际作为在领导面前留下好印象或者沟通和领导感情的场所。

对于因为距离太近而产生的恐惧可以用合理逃避和转移注意力的方式克服。合理逃避绝对不是落荒而逃，而是有礼貌地躲避。

如果等电梯的人很多，并且上司需要进电梯，那么自己可以等候下一班电梯，因为让上司、女士先进是一件礼貌的事，所以即使采用这种逃避方式也没有失礼的地方。

如果实在不能逃脱和上司同乘一部电梯的命运，那么就大大方方地进去，要表现得不卑不亢。同时可以和上司谈论天气、着装等与工作无关紧要的事情，忽略因为距离过近而感到的尴尬。领导的工作可能比较忙，所以在电梯中除非领导主动开口，不要与领导进行太多的寒暄，只要在刚进电梯的时候简单地打声招呼即可，否则领导可能感觉自己的思路被打断。

对于上级而言，电梯绝对不是一个与员工讨论工作的良好场所，但却是一个表示领导对员工关心的好地方，领导可以与员工简单地打个招呼或者嘘寒问暖一番。

电梯中的恐惧还有其他的恐惧，例如认为电梯的装潢过于奢华，有镜子或者金属看起来锃亮的，能够看到多个自己，因此感到头晕目眩；有的人感觉在电梯中与人接触太近，能够清楚看到每个人的长相，那些自己不喜欢的长相让自己感到难受，或者不能忍受电梯中人多产生的气味等；有一部分人不能忍受在一个狭小的空间中，这属于幽闭恐惧症。

对于一些无法根除的恐惧，例如气味，需要用理解和宽容的态度对待。对于电梯中的幽闭恐惧，可以使用专门克服幽闭恐惧的方法摆脱。

第七章

你真的病了吗?

——患病恐惧让你胡思乱想

“恐血症”比较常见

顾名思义，恐血症是一种害怕看到血液的恐惧症，包括对自己的血液、他人的血液甚至动物的血液的恐惧。一项研究结果显示，有14%的人声称自己对血液有严重的恐惧。如果一个人对血液产生了恐惧心理，那么他可能不愿意去献血，不敢去医院，害怕体检时抽血，无法从事医疗相关的职业，也不适合做士兵或者警察。

对血液恐惧的原因有两方面，一是曾经有过因为看到血液而晕厥的经历，当人再次遇到类似的情境时，会无意识地重复曾经的行为。二是厌恶血液。这种厌恶是对不完整或者不美观的皮肤上的伤口的厌恶。

对血液恐惧可能来自血液的视觉刺激和味觉刺激，即害怕鲜红的颜色和血腥味。这在生理上有非常明显的表现。当对血液的恐惧比较轻的时候，只是表现出头晕、恶心、心跳加速等症状。在恐惧感严重的时候，有的恐血症患者甚至在抽血化验的人群中晕厥，让他周围等待抽血的人可能感到不知所措。

有75%的人在看到血液或者闻到血液的气味后会立即晕厥。晕厥是对病人的一种保护，当人们还处在原始社会时，一个装死的人可能不被一只食肉动物感兴趣，从而生还的可能性更大。从生物学的角度看，人在晕厥的情况下，失血过多的可能性不大。对血液恐惧的人在心理上可能对和血液有关的事物极为排斥，有一位恐血症患者这样描述他的诸多禁忌：

在我妻子生我女儿的时候，我不敢在产房外站着；我爷爷生病住院的时候，我不敢去医院看望，因为医院能唤起我对血液的恐惧；朋友们谈及车祸的话题时，我一定要让他们转移话题；我不敢去买肉，也不敢闻肉的气味。

这种对血液的恐惧属于非常极端的情况了，日常生活因此受到很大的影响。

应对血液恐惧可以从医学和心理学两个角度入手。医学治疗要在心理治疗之前。因为晕厥是血液恐惧最明显的特点，所以克服血液恐惧的大部分医学方法围绕着克服晕厥进行。

如果知道自己在抽血化验中可能会晕倒，应该让自己的亲人朋友陪同前往。一旦见血晕厥，朋友们可以让病人平躺，将脚抬得高一些，促进血液回流到大脑中。同时解开上衣上的扣子。

恐惧时晕厥的原因是血压降低，而晕厥后只有短暂的几秒钟的无意识状态，所以可以在没有丧失意识的情况下做一些让血压升高的运动。

紧绷肌肉的方式是最有效的。病人可以将自己胳膊、腿、胸腹上的肌肉绷起来，坚持 10~15 秒以后，放松 20~30 秒。将这一套动作重复 5 次，血压可能就会有明显的升高。在没有出现头疼的情况下，这一套动作可以坚持练习一星期。如果有一只胳膊因为抽血或者其他原因而被注射过，不要紧绷这只胳膊的肌肉。

克服血液恐惧心理疗法的目的是解决人们对血液的厌恶和排斥问题。血液恐惧者首先要做的是分析自己对血液恐惧的情境，需要思考这样一些问题。

对血液恐惧的环境，例如：图片、视频、实物、他人的描述、自己的想象等；是不是有过与血液有关的不幸经历；恐惧时的表现，例如不敢去医院、不敢与人谈及这类的话题、不敢阅读医学类的图书、担心医生抽血时下手不准等。

思考这些问题的目的是为了更好地了解自己为什么害怕血液、怎样有可能不害怕血液，这对有针对性地克服恐惧心理有好处。

克服恐惧心理的大体思路是与恐惧对象接触，逐渐将恐惧的事物当作平常的事物。对于有血液恐惧的人可以这样做：逐渐接触各种与血液有关的事物，直至完全不认为血液是令人厌恶的。

首先可以在网上或者书店寻找一些与血液有关的图片，强迫自己去看，如果感觉到恶心，这是正常的，我们要做的是逐渐适应这种不适的反应，而不是一感到不舒服就扭过头不看，否则永远不会克服这种心理。

当能接受血液的图片以后，可以观看一些有关的视频，例如一些恐怖电影或者医学教学片。观看恐怖电影的目的是让自己逐渐接受比较血腥的场面，而不是体会电影中的娱乐信息、观察明星的演技或者导演和编剧的水平等。在观看中一定要认清观看的目的，不能偏离观看的初衷。

如果对视频中的血液恐惧也能克服以后，就要学习克服自己想象中的血液，设想一下去医院抽血的情境、去义务献血的场面、屠宰牲口的场面等。

最后一步是观看实物的血液，例如去医院体会一下消毒药水的气味，去义务献血的现场看一看，去肉店看一看等，如果对真正的血液恐惧还没有完全克服，千万不能回避，否则就会前功尽弃了。

接触恐惧对象改变的是人的行为，为了克服各种恐惧感，还要改变个人的想法。可以咨询医生或者询问朋友有关血液的问题，例如：在抽血时可能出现什么事故，如何解决这些事故？经常参加义务献血对身体有什么好处？如果我在抽血时晕倒了该怎么办？每个人都会夸大自己所恐惧事物的危险性，这样做的目的是认识到血液、抽血没有自己想象中的那么危险。另外还可以多看看医学方面的书籍，对血液有更多了解以后，就不会盲目地恐惧了。

恐惧针头就是恐惧注射，可能担心医生下手不准或者刺痛。恐惧针头与恐惧血液有很多相似的地方，例如可能晕厥，两种恐惧可能同时发生等。因此克服对针头的恐惧与克服对血液的恐惧方法相似。克服针头恐惧要接触一些与针头相关的事物，例如看一些注射的视频，观看注射疫苗的场景等。

稀奇的“呕吐恐惧”

呕吐恐惧就是一种对呕吐的感觉的恐惧，尤其是在公共场所，害怕自己突然呕吐陷入非常尴尬的境地。相对于其他恐惧，呕吐恐惧的人在身体反应方面更加强烈，呕吐感和窒息感是他们常有的身体反应。

呕吐恐惧的人在饮食方面有诸多的禁忌，例如：不吃干燥的食物，不吃大块的食物，只能吃小块的食物或者半液体的食物，不吃洋葱，在吃东西的时候比正常人多嚼几次，只能吃煮的熟烂的食物，拒绝吃生的食物，即使生病了也不吃颗粒比较大的药片，更不能吃胶囊，有的人不吃带颜色的食物。他们喜欢吃令自己感觉很“稳定”的事物，像淀粉含量比较多的食物，因为这样的食物给人以向下垂的感觉，不容易吐出来。

呕吐恐惧的人回避一切可能引起他呕吐的场景，例如眩晕可能让人感觉到呕吐，所以他们拒绝参加比较刺激的游乐项目；穿领口比较紧的衣服可能让人有窒息感，所以这类衣服决不能出现，也不能戴围巾；如果咽喉发炎或者感冒，他们的恐惧感会更为强烈，但他们不能接受看医生，因为医生看人的喉咙时需要用舌板或者棉签压住人的舌头，这会唤起他们的恐惧感。

呕吐恐惧的人会选择有利于他们呕吐或者让他们不呕吐的场所。如果必须要参加社交活动，他们可能选择不在外边吃饭，如果必须要吃饭那就想办法逃脱。因为担心自己在公共场所呕吐，所以有些呕吐恐惧的人拒绝参加任何社交活动。

浴室或者卫生间这样的场所是呕吐恐惧者感到安全的场所。英国有位患了呕吐恐惧症的患者必须要距离浴室在 100 米以内，否则就会感觉到不安全。虽然呕吐恐惧的人在排斥社交，但他们未必都是社交恐惧的人，他们只是想避免在大众面前呕吐。有的人会像正常人那样出去看电影、逛街，但一定要随时知道卫生间在哪里，每到一个地方首先都会问这个问题。为了防止自己突然呕吐，他们会习惯性地准备好餐巾纸。

尽管呕吐恐惧的人有很强的呕吐感，害怕自己在大庭广众之下突然呕吐，给人带来不便，但是他们很少真的呕吐，也没有经常看到他人呕吐。虽然这种恐惧的原因至今还没有发现，但医学家和心理学家猜测他们可能有过一段不愉快的呕吐经历，因而留下了一些心理阴影。

对呕吐的担忧完全是没必要的，因为生活中没有那么频繁的呕吐发生。克服这种恐惧需要在思想和行为上认识到自己的担忧是多余的。

首先可以了解人的生理构造，尤其是消化系统的构造。学习一下人在什么情况下会呕吐，知道食物卡在嗓子里的时候应该怎样做，吃哪些食物可能让人窒息，哪些不当的饮食方式会让人有呕吐感，食物中毒的时候应该怎么办。学习这些知识的目的是让自己确信正常人在一般情况下是不会无缘无故地呕吐的。

另外还要了解感冒、扁桃体炎、咽炎等疾病的症状，告诉自己咽喉不舒适和想要呕吐没有关系，咽喉不舒服只是疾病的症状而已。

因为呕吐恐惧的身体反应比较强烈，所以当呕吐感来临的时候，千万不能特别在意自己的身体感觉。越是在意自己的呕吐感，呕吐的感觉就会越强烈，然而实际上，想要呕吐的人并没有呕吐的需要，他的恐惧是没有必要的。如果有意识地忽略呕吐的身体感觉，那么这种紧张感有可能在自己的心理暗示下消失。

克服呕吐恐惧需要逐渐打破那些自我设定的禁忌。如果害怕某些食物会卡在嗓子里而导致窒息，就需要强迫自己吃那些食物。强迫自己不要过度咀嚼，按照其他人吃饭时咀嚼的次数嚼食物，强忍着多次咀嚼的冲动将食物咽下去，如果感觉到不适也不要去卫生间催吐，而是再次按照同样的咀嚼方式吃饭。呕吐的冲动可能贯穿这一餐的始终，但没有催吐也没对自己造成任何不良影响。如果害怕吃肉类等干燥的食物，也按照同样的方式吃下去，并且抑制住呕吐的欲望，直至打破对食物的所有禁忌为止。

在着装方面，如果害怕系领带、戴围巾，那么就尝试着接受这样的着装方式，想一想其他戴围巾的人并没有发生窒息或者呕吐的事情，那么自己也不会有。

如果对呕吐物感到恶心，那么就去礼品店买一些令人感到恶心的玩具或者呕吐物形状的玩具，试着用手触摸它们，想象恶心想吐的感觉，同时克制住自己想要呕吐的冲动。有些电影可能有呕吐或者令人恶心的场景，那就观看这些场景，直到能适应这些场景，不感觉到恶心为止。

如果害怕在公共场合呕吐会出丑，那么就试着多去社交场合看一看。看看在乘坐公交车或者地铁上时，有多少次看到有人在呕吐。在乘坐公交或者地铁的时候可能发现，虽然自己呕吐的欲望一直都在心里没有退下，但实际上自己根本没有吐出来。试着与朋友们聚餐，并且在餐桌上吃一些食物。外出逛街的时候将想要找卫生间的冲动压制住。

你真的病了吗

每个人都可能患病，然而不一定是大病或者绝症。保持健康的生活方式或者加强体育锻炼，都是预防疾病的正确做法。如果对患病的担忧过度，就会发展成疾病恐惧心理了。

有轻微的疾病担忧意识是正常的，例如家中有感冒的病人，担心自己被传染，因而注意不与感冒病人离得太近，这些做法都是正常的。但如果面对感冒病人时如临大敌，恨不得距离他十万八千里就过分了，这种做法不但是自身心理素质差的表现，还可能影响到人际关系。

疾病恐惧与当前的流行病或者媒体宣传的关系非常密切。在肺结核不能治愈的时代，感冒患者或者肺炎患者一定会担心自己患上肺结核。在艾滋病没有非常严重的时候，媒体自然不会对此多加宣传，人们也不会对这种疾病有恐惧心理。但是在艾滋病比较严重的时候，媒体就会较多地宣传了，人们可能因此而感到恐慌。现在，很多人都认识到艾滋病的传播方式和预防方法了，对这种疾病的恐惧就不那么强烈了。如今由于不健康的生活方式，患癌症和心脑血管疾病的人比较多，媒体对这些疾病的宣传也比较多，因此恐惧癌症和高血压等疾病的人也多了起来。

不健康的生活方式容易让人对疾病感到恐惧。例如，很多艾滋病恐惧症患者本身没有患艾滋病，他们总害怕自己患上艾滋病的原因是，自己曾经有过不清洁的性交历史。事后，当自己发高烧的时候就害怕患上了艾滋病，于是反复检查曾经的性交历史，认为那次不清洁的性交经历导致自己患上了艾滋病，而且不断地去医院检查。

自己本身身体处于亚健康状态或者周围的人中有病患是疾病恐惧的一大原因。例如，有过多次输血历史的人，肯定会担心自己曾经使用了不洁净的血液而患上艾滋病。一个办公室中有一名职员患上了禽流感，那么其他人员一定害怕自己被传染，反复回想自己与他交往的经历，不断计算自己患上禽流感的可能性。

疾病恐惧的人本身未必患上了某种疾病，而是对自己患病有着不切实际的担忧，他们看起来更像是患上了“疑心病”。

疾病恐惧的程度有高有低，针对不同的恐惧程度，需要选择相对应的方法克服。最低级的疾病恐惧表现为疑虑，也就是内心不希望自己患上疾病，同时怀疑自己有了患病的症状，对自己是否患病拿不定主意。主要表现为坐立不安、精神萎靡等焦虑情绪。

为了确信自己没有患病，他们喜欢过分关注自己身体的变化，总是观察自己是否已经有了某种疾病的症状。害怕艾滋病的人被蚊子咬了以后会担心自己患上艾滋病，肺癌恐惧的人不能忍受自己的一声咳嗽。尽管担忧自己有患病的可能，但这种担忧还没有到达强迫自己经常去医院检查的程度。

这种程度的疾病恐惧比较容易克服，主要通过改变对疾病的认识来缓解焦虑的情绪。

一是相信科学，保持健康的生活方式，这样可以减少患病的可能。在闲暇时间了解各种疾病的预防常识和发病原理，对一种疾病的知识积累到比较充足的时候，就能够区分出自己身体是否有患病的症状了。如果怀疑自己已经患病，需要到权威的医疗机构检查，用科学的检测结果，打消患病疑虑。

二是试图计算自己患病的概率。以患上禽流感为例，假设某个城市有一千万人口，这一千万人口中有二十人患上了禽流感，那么每个人得禽流感的概率是一千万分之二十，也就是说吃一次鸡蛋或者禽类食品而患禽流感的概率是一千万分之二十，一共需要吃五十万次禽类食品才能患病。假设每天吃一次禽类食品，也要在五十万天以后才能患病，这就相当于患上禽流感的概率基本为零。这样计算的目的不是让人放弃任何疾病防御措施，而是暗示自己“得禽流感这件事在我身上基本不存在”。

比疑虑更深层的恐惧是强迫，这一类人对自己患病这件事比较确信，但又表现出一定的矛盾心理，即唯恐自己患上了疾病的同时又唯恐自己没有患上疾病，对哪一种结果都感觉到不甘心，总体上比较倾向于自己已经患病。

他们在电视或者网络上看到某种疾病的报道时感到非常紧张，平时主动地了解各种疾病的知识，而且经常进行自我诊断，还经常去医院检查，如果检查的结果是没有患病，他们在几天内会感到心安。但过了几天之后，恐惧感又涌上心头，怀疑医院的设备有问题，怀疑医生的操作不符合要求，怀疑医生的水平低下，没有做出正确的诊断，于是换另外一家医院检查，接下来便不断地到各个医疗机构检查，大有检查不出来患病就不罢休的架势。在平时的生活中过于重视疾病预防，已经有了强迫症的症状。

对这种恐惧心理的克服需要借助医生的帮助，因为这些人在潜意识中更相信他们已经病了，那么医生就可以直接告诉他：“你患上了肺癌，只能活半年了，你有什么愿望没有实现就尽快去做吧！”听到这种他们“期望”的消息以后，恐惧感可能就消失了，因为有比恐惧更强烈的刺激加在了他们身上，让他们不再怀疑自己是否患病这件事，转而做其他想做的事。

最强烈的疾病恐惧是绝望和深信不疑。这些人不相信医生的说法，不相信医院检查的结果，确信自己已经病重了，并且表现出一些绝望的情绪。如果恐惧感到达了这种程度，就需要借助专业的心理医生的帮助了。

什么才是真的不干净

不洁恐惧，顾名思义，就是一种对不卫生过分担忧的心理。不洁恐惧类似于强迫症或者洁癖。有这种心理的人害怕被细菌传染，因而经常做一些过度清洁的举动，例如反复洗手，每次洗手都要搓 20 次以上，每次使用洗衣机都要消毒，餐具必须要沸水煮过并用消毒液洗净；将所有的物品按照不洁的程度归类并且隔离，在室外穿一双鞋，进入客厅后换一双鞋，进入卧室后再换一双鞋。

不洁恐惧的人竭力避免各种“污染源”，能够不碰门把手或者电梯按钮的时候就尽量不碰，如果必须碰就用钥匙或者圆珠笔碰触；握手被他们看作是细菌传播的途径，所以也极力避免或者事后及时清洗。在心理上，他们一方面不愿意听到有关不洁净的新闻，但也密切关注类似的话题，目的是让自己的清洁工作更彻底。

不洁恐惧的人在与不卫生做斗争的过程中发明了很多有趣的清洁工具和清洁方法，例如乘电梯时应该带着特质的手套碰电梯的扶手，用紫外线给笔纸消毒，用塑料袋将电视、空调遥控器套起来，超市购物时要在推车的把手上贴上“清洁购物贴”等。

不洁恐惧可能影响人的社交，担心他人不够干净而避免与人接触，被人当作不合群的人，有的时候还会被看作是怪物。

不洁恐惧与个人的经历有关，原本恐惧其他事物的，但却由于某种原因开始害怕不卫生，有位家庭妇女曾经这样说过她不洁恐惧的原因：

那一次我洗衣服的时候看到邻居将一只老鼠扔了出来，看到死老鼠我感到非常恶心，从此我开始厌恶老鼠。连带着我对洗衣服也感到恐惧了，因为每次洗衣服的时候我都会想到那只死老鼠，所以我看到盆子里的衣服时总担忧我没有洗干净衣服，于是将衣服一遍又一遍地洗干净，然后一遍又一遍地洗手。

有的人习惯于将疾病的原因归结为不够卫生，于是对不干净的物品大为恐慌，报纸上曾经报道一对兄弟多年保持着令人难以忍受的爱干净的癖好，这对兄弟这样描述他们不断清洁的原因：

在我小时候，家里总是接二连三地有人因为得病去世，那个时候我的年龄还比较小，不知道为什么会生病。后来我在报纸上看到了一篇文章，文章说保持卫生可以让人少生病，不讲卫生容易滋生细菌，人就容易生病。从此以后我就开始习惯性地对家里进行清洁。虽然讲卫生麻烦了一些，但是生命更重要。

一些关于细菌、寄生虫和疾病的宣传也容易让人产生不洁恐惧心理，看到下面这几条有震撼力的消息，谁的心里能不厌恶细菌，有好好打扫卫生的想法呢？

智能手机和平板电脑的屏幕要比马桶坐垫脏20倍！

中国的肠道寄生虫感染率达62%，这都是由于饮食不洁引起的！

99.9%的人身上有螨虫，平均每人身上有100万只螨虫，它们每天晚上都会爬出毛孔，到人的脸上开派对！

克服不洁恐惧的心理需要从两方面做起：一是抵制不洁净的想法；二是遏制过度清洁的冲动。抵抗感到不洁净的想法可以从以下几个方面调整心态。

一、有意识地接受不洁净。

如果某一物体的不洁净程度没有打破自己的底线，那么就试着接受它，例如房间没有脏到不能居住的地步，就认为房间是干净的，经常强迫自己这样想，长久之后对不洁净的底线就会提高一些。

二、放松心情。

总是认为自己碰到了不干净的东西或者总是想着洗干净，就会停不下来到处寻找污染源，一再怀疑清洁工作没有做到位，这会让人处于疲劳状态。要想把自己从这种紧张状态解脱出来，就要试着放松心情，让人的神经放松下来，听一听舒缓的音乐或者进行一次大汗淋漓的锻炼。

三、学习按正常人对清洁的容忍度，按照正常人的习惯进行清洁。

一般来说，不洁恐惧的人总是评价某处某物是否足够干净，有的时候对是否干净没有把握的时候就会用“宁可枉杀一万，不可漏网一人”的态度对待。为了克服不洁恐惧的心理，在分不清是否干净的时候就要用“随大流”的心态对待，如果别人认为这是干净的，就坚决不要再进行清理。

四、转移寻找污染源的注意力。

不洁恐惧的人总是疲于寻找不干净的东西，这个时候就需要将精力放在其他事情上，不要过多纠结于是否干净的问题。如果讨厌不干净的东西，就克制自己不去看它，当它不存在。多次忽略以后，焦虑的情绪就会得到缓解。如果总是有意识地思考是否干净的问题，那么就始终会被这种不安的情绪缠住。

除了用调整心态的方式克服不洁恐惧以外，还需要锻炼自己对不洁净的承受能力。主要方法是忍受不洁净的状态。以接受手脏了的现实为例，用干净的手触摸地板、楼梯扶手、电脑键盘、遥控器等平时感觉不干净的、细菌特别多的物体，不允许自己去洗手，每次接触的时间在 1 个小时左右，每 10 分钟都想一想自己的心理有什么感觉，直到不安的情绪消失以后才可以洗手。在这期间，只要有认为不干净的想法出现，就强迫自己去想其他的问题。

第八章

别害怕，该离别的终将离别

——对不幸、失去、死亡的恐惧认知

走出灾难和事故的阴影

当灾难正在逼近时，逃离是最正常的做法，在这种想要逃离但又有可能无法逃离的状态下，人们自然感到恐惧。血压升高、睡眠障碍、胸口疼痛等身体不适在受灾的人身上非常强烈。

当灾难离去，那些亲身经历了逃亡之苦的人，除了心有余悸，恐惧感还让他们感到不安。有的人变得精神不振，有的人变得极具攻击性，有的人丧失了自己的主见，凡事都听别人的意见。

恐惧感同样出现在那些虽然没有切身经历过灾难，但间接经历过灾难的人身上。灾难过后的一段时间，人们对这种灾难的热衷程度已经下降了，开始了比较正常的生活。不过一旦某一天灾难刺激再次出现，人们潜意识中对灾难的恐惧就会被唤醒，没有切身经历过灾难的人也会想象灾难距离自己非常近。

与其说人们对灾难产生恐惧，不如说人们对恐惧本身产生恐惧。当一部分人处在惶恐的状态中，其他人也会受到影响，以至于到最后所有的人都生活在惶恐的氛围中。“我们唯一应当恐惧的，就是恐惧本身。”

在对灾难产生恐惧时，人们经常做出一些不理智的行为。盲从就是最不理智的行为。就像福岛核电站核泄漏以后，出现了“抢盐”现象，这就是互相“学习”的结果。类似的情况还有在2007年蓝藻事件中，很多市民疯狂地囤积纯净水。

在人群密集的地区，如果有一个人感觉大地震动了一下就会大喊“地震了”，人们就开始疯狂地寻找躲避的地方，看到别人往哪里去，自己也立刻跟上。虽然有可能第一个人的感觉是错误的，只是有人推了他一下。

恐惧是不可耻的，但是来源于无知的恐惧就可耻了。当人们笼罩在灾难的阴森恐怖的氛围中时，对灾难的科学知识知之甚少。盲从来源于人们的无知，既认不清事实的真相，又轻易相信各种小道消息。人们的消息来源越多，就越相信谣传，将官方消息认定为不可靠的“官话”。

要想消除对灾难的恐惧，就一定要正确地认识灾难。如果害怕世界末日来临，就需要学习我们的地球可能在什么情况下被毁灭，现在是否已经具备了被毁灭的条件。如果害怕自己的生活环境有火灾的危险，就要学习一些防火、灭火的知识，这要比无端地恐惧火灾来临好得多。每一个人都应该从过去的灾难中学习怎样防范灾难、怎样疏导自己的恐惧情绪。

在 2003 年，“非典”给人造成了很大的恐慌。此后，无论是政府部门，还是普通民众，都从中得到了锻炼，当甲流、禽流感袭击时，人们的恐惧就没那么强烈了，也没出现囤积白醋这样可笑的事情。不过，人们平时对于核辐射的后果好像认识不足，所以在 2009 年出现了抢盐事件。

人们抢盐的原因有四个：一是认为海盐都被核辐射污染了，以后没有健康的碘盐吃了；二是碘盐能有效预防核辐射，最好多吃一点；三是碘盐要涨价了，提前准备总是没错的；四是随大流。

这些想法都是不科学的，人们并不知道核辐射带来哪些危害，不知道只有被辐射以后才能吃碘；人们吃盐不能超过一定的限度，“多吃有好处”的想法是完全错误的。

尽管我们不能为了将来可能出现的灾难而学习相关的知识，因为谁都不知道将有什么灾难发生，但我们可以用科学、客观的态度去看待问题，如果万一有灾难发生，也不必感到慌张。

我们要相信正式渠道的消息，不要轻信小道消息，更不能以讹传讹。有一项针对北京、上海、广州、南京、重庆五个城市市民的调查说明，在 2003 年

“非典”期间，人们获得消息的途径主要是“听别人说”，一半以上的人都以这条途径作为信息的主要来源。另外两种消息来源是电话和网络。政府公布正式信息以前，人们普遍接受非正规渠道获得的消息。

小道消息掺杂了很多个人的想法，很难保证非正规渠道的消息是正确的。为了让自己不被错误的消息误导，还是应该听信正规渠道的消息。

与那些更为不幸的人相比，活着的人已经非常幸福了。要相信没有经历过劫后余生这样真实的恐怖是幸运的，那些因灾难而丧命或者与灾难亲密接触的人才是不幸的。担心灾难将要降临在自己身上除了让人带着悲观的心情生活以外，没有任何好处。

灾难对于地球是非常正常的，在灾难面前，人是非常渺小的，任何人都不能改变自然界的运动规律。我们要做的是对自然界拥有敬畏之心，告诉自己既然没有经历灾难，就没有资格害怕，相比于那些死于灾难的人，活着的人已经得到了命运的眷顾了。对比之下，就会感觉目前的生活状态已经很好了。

每个人的生活都不应该因为害怕灾难降临而被打断。与其浪费时间让自己被那些遥远的灾难吓到，还不如珍惜时间关爱自己和家人、朋友。与亲人享受天伦之乐可以让我们转移各种恐惧心理，活在一个轻松、愉快的氛围里，就不要想那些不可预知的事了。

过于“患得患失”，是一种病

人的一生都在为财富、地位、名誉奋斗，在追求这些事物的时候，也常常担心自己得到的终有一天会失去。努力的时候害怕得不到，得到的时候又害怕留不住，因此，“失去”也成为一种恐惧了。人们为什么害怕失去呢？

一位女士在商场买衣服，她左挑右选以后，仍然不能下定决心买哪一件。

这时，她忽然看到自己刚才翻过的一条裙子在另一位女士手中，顿时觉得终于知道自己想要的是哪个了。于是她心心念念地期望着那名女士放下来。果然，那名女士在放下来以后去挑选别的衣服去了。她赶快去结账。当她在收银台结完账，转过身的时候发现，一件被自己放弃的衣服正在那名女士手中。原来她们互相看上了对方手中的衣服，这时两人都感觉自己失去了最适合的那件衣服，不免都后悔起来了。

人们总是认为得不到的比得到的好。有人形容男士的感情是“那个当年得不到的初恋是所有女生都比不上的”。认为失去的好是所有人共同的心理。

害怕失去的第二个原因是来之不易。得到的不容易，就会倍加珍惜；得到的太容易，就看不到它的价值。患得患失耗尽人的心力。要想让内心平静，就要摆脱患得患失的枷锁，从害怕恐惧的阴影中走出来。

有一个成语叫“荆人遗弓”，它讲述的是人应该怎样对待失去事物的道理。

“荆”是一个小部落的名称。一天，这个部落的一个人在打猎的时候将弓箭弄丢了，他的朋友们让他快去寻找，他不以为然，说道：“荆人遗之，荆人得之，又何索焉？”意思是，反正是我们荆部落的人拾到，又没有便宜外人，还需要去找吗?

孔子听到这个故事后，做了一个评价：“去其‘荆’而可矣。”意思是，如果他把“荆”这个字去掉，那就完美了。老子听到以后的评价是：“去其‘人’而可矣。”

当人们听到，丢失弓箭的人把弓箭“送给”自己部落的人民时，会感叹他胸怀广大，不去斤斤计较。从孔子的评价中，我们发现圣人的思想境界又进了一层，只要是有人捡去用就可以了，无论是哪个部落的人都可以。而老子的胸怀是最为博大的，不论是不是人捡去，它都是大自然的，即使有动物使用也可以。

我们不指望自己的胸怀像圣人那样，将把自己的东西分给别人当作快乐事，但可以学习圣人的精神，不要太过惋惜失去的事物。不要沉溺于对失去事物的悲伤中，对于已经改变不了的事情坦然对待。

一个富人住在精美的宅子里，每天吃着山珍海味，但却感到非常不快乐。一个穷人衣不蔽体食不果腹，每天的口粮都是通过街头卖艺，用吹拉弹唱的方式乞讨而来的。富人羡慕穷人快乐，每天都唱着歌。穷人羡慕富人富足，每天都有饭吃。

一天，他们两个决定交换，富人把自己积攒的钱给穷人保管了，并且给穷人一定的报酬让他吃饱，自己每天去过着清淡的生活了。一年以后，他们二人都反悔了。

穷人发现自己有了钱以后过得不快乐了，因为每天都担心钱被人偷走，根本没心思享受生活，所以他打算换回自己的角色。富人也正有此意，他过惯了大鱼大肉的生活，刚开始过清淡的日子还觉得新鲜，但没过多久就想念曾经奢侈的生活了。他们二人商量好了以后，重新开始本应该属于自己的生活了。

电视节目主持人涂磊经常说："得不到你所爱的，就爱你所得的，但千万不要招惹你不爱的。"珍惜手中拥有的，要远比担心已经失去的和可能失去的有意义。我们要感受到自己拥有的美好，就像故事中的穷人和富人那样，在拥有财富的时候，就珍惜财富，不要想着失去的快乐；在拥有快乐的时候，就不要幻想着有钱的日子是多么美好。

该别离的终将离别，不管你多么不忍

离别恐惧就是害怕失去亲人和害怕与亲人分离的恐惧。人们因为失去亲人而感到悲伤，因此害怕有其他的亲人失去，这是一种正常的精神反应。然而沉溺于失去亲人的悲伤中，经常感到过于悲痛却可能打乱我们的生活。害怕与亲人分离的恐惧有时候要比失去亲人的恐惧更加持久。

当一个人还是婴儿的时候，就有分离焦虑症，与母亲的分离让婴儿很受伤，甚至当他长大的时候，婴儿时期的分离还在作祟，让人频繁出现各种情绪性障碍。对于整个哺乳动物界来说，母亲和幼仔之间的联系都很密切。

在牧民饲养的一群羊中，小羊不管到什么时候都与母亲有亲密的感情，哪怕是小羊已经可以再生小羊的时候，它和它的小羊也会在一起，所以我们所看到的一群羊中分成了若干个小“帮派”，其实每个小帮派的成员都是一只母羊的后代。恋母情结是人类和所有动物的共性。此外，对于非常亲密的一对哺乳动物，强行将它们分开必然导致它们的反抗。

总之，离别恐惧是人潜意识的一种反应，人们会没有任何理由地想要聚在一起，也会对分离没有理由地排斥。

分离恐惧主要出现在女性、儿童和老人身上。

英国的一项调查显示，女性最怕的 20 种事物中，失去亲人占第一位。虽然儿童随着年龄的增长而逐渐有独立性，但他们仍然不愿意与母亲分离。医生发现，医院中的儿童在有家人的陪伴下表现得更乖巧。虽然儿童的思维不复杂，好像有可以陪伴的人或物就能让婴儿满足，但玩具的诱惑远不如家人。即使孩子长大以后，第一次离家远行，他们也害怕与家人分离。

老人害怕离别主要是因为年龄太大，认为自己与家人相处的时间越来越少，他们害怕死亡，尤其在看到同龄人相继离世后，分离恐惧更严重。

虽然分离恐惧非常普遍，但人们在习惯了分离状态以后，基本都能调节自己的心态，悲伤在持续一段时间后会自行消失，只留下想念和盼望，恢复正常的生活只是时间的问题。但也有非常极端的分离恐惧，在亲人离开后陷入悲痛无法自拔，甚至出现晕厥。有的女性在结婚以后仍然不能离开母亲，只要离开母亲就会做噩梦，无奈之下只得和丈夫与孩子住在母亲家里。

对于克服亲人离世的恐惧，最好的方法就是珍惜现在的生活。与其在悲痛中失去快乐，不如珍惜现有的时间，好好享受生活。因为失去的再也找不回来，但还没有失去的是可以好好利用的。

人们总是认为共享天伦之乐是应该的，但想着亲人离世后的生活却一点儿都不能让人感受到现在的快乐。不把握现在的幸福，一味地想着可能的不幸生活是非常愚蠢的行为。那些已经失去亲人的人可能正在羡慕没有失去亲人的人，所以作为相对来说比较幸福的人，根本没有资格向更加不幸的人看齐。

如果因为已经离世的亲人而感到恐惧，那就让恐惧感爆发出来。想象一下令自己恐惧的场景，当恐惧感袭来的时候，不要试图抑制它。当适应了恐惧感以后，恐惧的情绪就会下降。多次试验以后就会感到恐惧的情绪明显减轻了。

“天下无不散之宴席”，不管与亲人和朋友关系多么亲密，总会有离别的那一日。对于与亲人分离的恐惧，最好提前做好准备。

孩子在长大以后第一次出去玩，会非常想家，想要与父母们在一起。但当他玩得非常愉快的时候就想不起分离这件事了。虽然使用“乐不思蜀”这个词形容这种分离不太恰当，但在道理上，暂时与亲人分离是有利于克服长久分离带来的恐惧感的。所以，如果认识到将来有一天要与亲人们“相去万余里，各在天一涯”，那么现在就开始进行一些短暂的、距离不太远的分离，这样到了真正离别的那一天，就能够很快适应离别的恐惧了。

死亡之可怕，关键在于死后的未知

对死亡的恐惧是最原始的恐惧之一。很多宗教的建立都与死亡有关。死亡一直给人很神秘的感觉，当人们不能解释死亡的原因时，人们害怕死亡；现在的科学已经能解释死亡的原因了，但人们对死亡的恐惧却延续下来了。到底有哪些原因，让死亡的恐惧一直都没有消失呢？

人在死亡以后的生活是未知的，这是恐惧死亡的最基本的原因。科学家们认为，人的死亡就是结束，已经没有另一个世界了。但是文学作品、宗教和人们的想象，对死亡后的世界有着不同的描述。不管人们想象的死后的世界是什么样子的，从来没有一个人在另一个世界生活过，所有人都对那个未知的世界无能为力。

人在死亡面前的力量是弱小的，无论是等死的过程还是死后的痛苦，都是人们不知道的，因此死亡恐惧就是一种对未知事物的恐惧。因为不知道、不能做出行动，所以面对未知事物的恐惧感，要比面对人们可控制事物的恐惧感要强烈得多。

人们在活着的时候可以与亲人、朋友们度过美好的时光，但在死亡以后，就再也没有办法和亲人们在一起了。人们害怕死亡是因为害怕分离，害怕见不到自己喜欢的人，害怕忍受孤独。人们太贪恋那些美好的时光了，所以对死亡造成的分离产生了恐惧心理。

老年人的这种感觉更为强烈。他们一生都在努力工作，为自己的家庭和儿女奉献，到了老年的时候，正是享受与亲人相处的时候，也是生命越来越短的时候。老年人割舍不下自己的孩子，割舍不下自己年轻时的朋友，每当听到和自己年龄相近的人死亡以后，怕死的情绪就会更加强烈。

等待死亡是一个煎熬的过程。电视剧中经常有“让我死个痛快”的台词。相比之下，死亡要比等死舒服多了。剥夺一个人死亡的权利可能让他感觉更加痛苦。

有的逃犯在外躲避了十几年才被捕获，记者问他：“你在被抓的时候感觉到无助和绝望了吗？”“你是否对你曾经犯下的罪行感到自责和悔恨？”罪犯的回答是：“我感觉到了前所未有的轻松，这些年逃避死亡的日子已经过够了！”在距离死亡越来越近的时间里，人们总是会想象很多死亡时的情形，想象死亡后的生活。这种压力要比死亡本身还要让人感觉可怕。

死亡的情绪会相互传染，让本来不那么害怕的人也感到害怕。在病房里，有的病人看到病友们一个个地离去，就会想到说不定下一个死亡的就是自己。当人进入中老年以后，每一次同学聚会时，成员都可能越来越少，感伤的情绪和死亡的恐惧就会袭来。

如果有心愿没有完成，将死之人会更加贪恋活着的时间。在还没有来得及实现自己的愿望前就去世了，这会让人感觉更加遗憾。那些感觉愿望不能实现是一种遗憾的人，更希望有更多的时间做自己想做的事，每当他们想到自己早晚走向死亡，就会感到死亡是一件极其令人厌恶的事。有的人在自己没注意到的时候就会将自己这种最原始的心愿表达出来："我才不要去死，我还没有……呢！"可见，对于很多人来说，在死亡之前一定要将自己想做的事做好，否则就会感觉"不划算"。

死亡恐惧的最"高级"的原因是找不到生命的意义，对于一些智商比较高的人或者知识分子尤其如此，他们试图通过哲学的角度找到生命的意义。每个人年轻的时候可能按照自己的想法生活。在进入中老年以后，生活已经基本稳定下来，认为自己这辈子已经没有什么变数了，开始相信天命。

在老年以后，或者在思想已经非常成熟，形成一种体系的时候，就开始总结自己的过往，总结他人的过往，并且形成一种信仰。生命的意义就是要思考的内容之一，也是人信仰的内容之一。每个人对生命意义的理解都不一样，这个问题不能形成统一的答案，让一些人感觉困扰和无助。

俄罗斯诗人海亚姆有一首诗这样写道："趁着没几天活头儿吃好喝好吧……不值得思考这个世界应该怎样，我们早晚都要死的……我们无力阻挡死亡之箭，王侯将相、平民百姓都要死亡，除了快乐地生活都是虚谈。"诗人无法想清楚活着和死亡的意义，最后认为只有"快乐地生活"才是一件正经事。

一个人生前取得什么成就、死后将受到什么待遇都是我们根本想象不到的，越是思考这些问题，就越让人觉得死亡太可怕了。

死亡原本只是一种规律而已，然而人是一种有思想的动物，人们赋予了死亡诸多的意义。害怕死亡不只是害怕死亡时难看的样子，更是人们赋予死亡的各种意义。如果只将死亡看作终结，没有任何附加意义，死亡也就没那么可怕了。

“向死而生”使你更淡定

死亡无法控制，也不可能推迟。人类能够感觉到死亡是自己的最终归宿。摆脱死亡的恐惧要求我们重新思考生命和死亡的意义，最终能够坦然地接受死亡。

生老病死是自然规律，任何人都不能打破。与其害怕死亡，还不如坦然接受，将死亡看作是生命过程的最后一部分，当成所有人的最终归宿。

我们需要从生物学的角度看待一个生命的历程，从出生到成长、成熟，直至衰老、死亡。人体的每一个器官都要进行新陈代谢，当组成器官的每一个细胞都衰竭以后，死亡就不远了。

既然死亡是一种常态，任何人都不能逃避，那还有什么可怕的呢？我们要做的是从容地看待生命一定会结束的事实，不要让恐惧的情感影响日常生活。

我们需要将精力集中在生活中的事情上。就像动物，它们要捕食、筑巢、繁衍生息、抵抗敌人，几乎每一刻都是忙碌的。当它们活着的时候就快乐地生活，当死亡逼近的时候，就自然而然地死亡。人类也应该学习这种态度，每天都做自己应该做的事，当生命接近尾声的时候，从容地死亡，不要想那些永远都得不到答案的问题。孔夫子曾经说过：“未能事人，焉能事鬼？未知生，焉知死？”连人活着时该做的事情都不能做好，想着死亡以后应该做什么有什么用处？

让自己尝试着将激起死亡恐惧的事物当作平常的东西。与这些事物近距离接触，可以让我们学习以平常心面对死亡。如果报纸上有某人死亡的讣告，不要害怕，要让自己读出来。如果经过一片墓地，那么要尝试着走进去，经过一个墓碑前的时候，要念出死者的名字和生平，还可以拔出墓碑边的杂草。总之，不要排斥这些与死亡有关的事物，把它们当作一般的事物。

摆脱死亡的恐惧，需要一步步地努力。从淡定地接受死亡开始，学会理解死亡，学习怎样看待死亡的意义。最重要的是，享受现在的生命，在还活着的时候不要浪费时间，做自己应该做的事，只有这样，死亡的恐惧才能远离我们。

第九章

不敢抛头露面，这是个社会问题

——人际交往其实没有那么难

不敢“抛头露面”，这是个社会问题

社交恐惧是一种在社交场合表现出来的恐惧。这种恐惧非常常见，各个年龄段的人都会有这种情绪，没有明显的性别差异。虽然社交恐惧是一种非常常见的恐惧，却很少被人们当作一种心理障碍认识，只是将它与“害羞”“羞怯”“内向”联系在一起。人的害羞不一定能发展成恐慌，社交恐惧必然伴随着恐慌反应。羞怯不与羞耻感相连，只是一种失落、伤心难过的情绪，但社交恐惧这种情绪含有羞耻的成分。

社交恐惧到底有多普遍，并没有一个普遍认可的、精确的数字说明，但社交恐惧的普遍性是没有疑问的。有一项调查显示，有 10% 的人被社交恐惧所困扰，在京、湘、沪三个地区，有 90% 的人对社交恐惧的认识存在偏差。我国 2002 年社交恐惧症的患者的数量比 1992 年增加了 3 倍。

心理学家将人们社交恐惧时的表现分为四类。

第一类是思维方面的表现，例如无法集中精力思考问题，担心自己会出丑，大脑一片空白，不知道说什么好等。

第二类表现是行为方面，主要是逃避，例如不敢正视他人的眼睛，用头发将脸遮起来，在人多的时候玩手机等，言语表达不流畅也是一方面。

第三类表现是人的身体反应，包括：脸红、发抖、出汗、身体僵硬、心跳加速、呼吸困难等。

第四类表现是人的情感。人在面临社交恐惧的时候，经常出现忐忑、自卑、愤怒、抑郁等情绪。

社交恐惧的这些表现不是独立发生的，有可能是一种表现开始，其他表现接踵而来，也有可能是各种表现同时发生。

根据社交恐惧出现的场所，可以将社交恐惧分为广泛社交恐惧和特殊社交恐惧。

广泛社交恐惧是指那些无条件出现的恐惧心理，例如不敢去公共场所，不敢认识新的朋友，不敢和他人讨论问题，无论什么时候都感觉被人指指点点，不能接受与人聊天等。当生活中的每一个环境都成为必须要避免的社交情景时，躲在家里不出门就成为这些人的最好选择。

特殊社交恐惧特指在一定场合下出现的社交恐惧，比如当众发言的恐惧，推销商品的恐惧等。有项调查显示，有 10% 的人对当众发言感到恐惧。这种恐惧的高峰期在发言以前，一旦进入状态，恐惧感就会逐渐变弱，甚至消失。当发言结束后，人们会感到轻松。

广泛社交恐惧的危害要比特殊社交恐惧的危害大得多。特殊社交恐惧只是出现在特定的场所，正常人在这些场所都可能感受到恐惧，但在使用了恰当的社交技巧时，这种恐惧的危害可以被控制。然而，广泛社交恐惧的范围比较广，人们为了躲避恐惧，很容易形成回避型人格障碍。

判断一个人社交恐惧严重程度的标准是他们对某种社交情境的害怕程度。如果只是害怕当众讲话，那么这种社交恐惧的程度比较正常，但是如果害怕日常交际，那么社交恐惧的程度就比较严重了。

社交恐惧症是社交恐惧达到极致时的表现，判断一个人对社交的恐惧是否已经严重到恐惧症的级别有三个条件：（1）这种恐惧是不切实际的，在很多社交场合都会出现；（2）极力地避免引起恐惧的场合，如果不能避免，恐惧的情绪会非常强烈；（3）生活已经被社交恐惧扰乱了，并且不知所措。

社交恐惧会对人的生活造成很多障碍。首先受到影响的是人的社会关系。

如果闲聊、打招呼都是一件困难的事，那么人们很难建立起自己的人际关系网络。如果在当众讲话时表现出明显的紧张、不安，那么他的自信心会受到影响，听众对他的印象也大打折扣。

社交恐惧可能让人失去一些职业发展的机会。在企业中，领导者必须具备一定的社交能力，很难想象一个当众说话结巴的领导会拥有顺从他的下属。对于严重的社交恐惧者，他们的日常生活都会受到影响，比如不敢出门，不敢去商店买东西，不敢接打电话等，而这些做法无疑会让他们脱离社会群体。有的人在社交局面打不开的时候，用酗酒的方式麻痹自己，似乎在酒精的作用下，他们就不害怕各种社交情境了。实际上他们受到了恐惧和酒精的双重伤害。

社交恐惧还可能引发其他精神障碍或者精神疾病，有的社交恐惧症患者同时也是抑郁症患者。因为有些社交恐惧症患者对自己进行封闭，长此以往，就会因为缺乏人际交流而患上抑郁症。

如果你害怕社交，不妨反思一下成长经历

害怕与人交往的原因非常复杂，一个人生命中的某个小细节都可能是最关键的原因。一般来说，可以从社会整体的角度和个人成长的个体角度寻找害怕与人交往的原因。

社会心理学家认为社交恐惧与文化环境有关。

首先是文化变迁给人带来的压力。一个人处在他比较熟悉的文化环境中时，会感到轻松和舒适。但如果有一种剧烈的文化冲击而来的时候，人际关系和人际交往的行为方式可能就会发生变化。如果不能适应这种变化，那么就会感到无助，因此会产生各种心理障碍，其中就包括不愿意与他人交往，力图保持原有的生活方式。如果这种心理倾向得不到控制，很有可能会发展成社交

恐惧。

二是两种文化给人带来的冲击力。人们习惯于原有文化下的思维模式，当新的文化袭来时，很容易产生两种矛盾的心理，一是接受新的行为方式，二是保持原来的思维方式。当这两种思想斗争得比较激烈的时候，人们就会感觉自己处于震荡之中，发现自己不能平衡两种思维方式的力量，这可能让人感觉自己对新的人际关系无能为力，经常逃避之后就会对社交产生恐惧心理。

对自我的认识影响人们对社交的态度。西方人对自我的认识是以“自我”为中心的，东方人对自我的认识是以“人际关系”为中心的。

科学家对人的大脑进行扫描后发现，美国人在思考“我的母亲”这个词时，大脑中有两块区域在活动，日本人在想到这个词的时候，大脑中只有一块区域在活动。这说明东方人的思维方式是重视“群体”的。这种思想观念的不同直接影响人们的交往模式。西方人更喜欢按照自己的意愿做事，而东方人为了维护人际关系则显得束手束脚。带着各种担忧与人打交道，难免对人际交往产生畏惧心理。

重视群体忽视个体的思维方式让人特别在意自己在社交中留给他人的印象，所以很多东方人在社交中对自己的期望特别高，一旦出丑或者失败，非常容易产生负面情绪，认为自己在社交方面缺乏天分，因此会产生避免和人接触以免“下不来台”的想法。

从个体的角度来说，社交恐惧的原因可以追溯到一个人的婴儿时期。如果婴儿从一出生就与父母关系不够亲密，尤其是母亲，那么他对环境的适应过程就会受阻。人类在幼年的很长一段时期都必须依靠父母的照顾才能生活，对父母的依赖让婴儿产生信赖感和依存感。

婴儿需要在被人关心和照顾的环境中成长，否则他们就会感到不安全，进而产生恐惧感。婴儿所需要的照料不仅仅是喂奶，更多的是与父母尤其是母亲建立起亲密的联系，这在婴儿刚出生的几个星期内非常重要。婴儿特别需要父母的关爱，否则就很难对外界环境产生信任。

心理学家发现，有些孤儿院中的小孩在一出生就与父母分离，虽然他们在孤儿院中得到了很好的照顾，但不能与父母在一起的创伤始终没有办法弥补上。即使父母在身边，但也有可能因为工作或者其他原因而对孩子疏于照顾，这种环境成长下的孩子也不能得到充分的关爱。

这些在婴儿时期与父母关系就不够紧密的婴儿，要比其他孩子更容易脆弱。因为不能得到充分的安全感，要比其他孩子更容易感到恐惧。他们从小就对世界产生了抗拒心理，时时刻刻都有保护自己不受伤害的无意识行为。这让他们更加不愿意与人接触，缺乏人际互动和社会经验，造成他们过度地关注自我，甚至将自我封闭起来，只愿意生活在自己的世界中。

虽然一个人在成人的时候根本想不起来自己婴儿时的生活，不能有意识地认识到自己小时候的经历对他们现在的行为产生了深远的影响，然而婴幼儿时期缺乏关爱的影响是隐性的，虽然人们认识不到，但这种影响的确是存在的。

外国心理学家发现，一个人成年时社交恐惧的原因可以追溯到他幼年时期的家庭环境。家庭因素的内容很多，包括：缺乏家人关爱、父母婚姻变化、受到不公正的待遇、家人过度保护、家庭不良的教育方式、家庭成员之间不和、父母对子女过度严厉或者忽视等。这些因素都可能导致人在儿童时期感受到冷漠和孤独、无助和不安，人的个性和社交能力发展受到了阻碍，因此他们在社交中缺乏自信或者感到焦虑，总是以回避的态度对待社交。

一个人童年时的经历对以后的性格有很重要的影响。心理学家发现，如果一个人在童年时期受到虐待、欺负、耻辱，成年后患社交恐惧症的可能性非常大。各个心理学家在调查中都发现了童年时期的时间与社交恐惧有直接关系。他们发现，社交恐惧的人中有 79%~98% 的人在童年时期有过不愉快的经历。

总的来说，社会文化和思维方式对人们社交中的态度有潜移默化的影响。个人成长中缺乏关爱是造成一个人社交恐惧的最深层次原因。此外，科学家还发现，遗传、大脑神经问题也有可能导致一个人对社交产生恐惧心理，但社会环境因素是社交恐惧的最重要原因。

思维模式错了，交际心理也不可能对

社交恐惧的表现主要体现在思维、感情、行为和身体四个方面。其中，思维和感情直接影响行为。有的人对社交恐惧采取回避的行为，是因为他们本身的一些想法是错误的，按照错误的想法行事，回避成为他们最好的选择。

社交恐惧的人经常走极端，在他们眼里，所有的事物不是黑的就是白的，很难想象处于两者之间的灰色是什么样的。他们习惯于将事物归为两类，一类是好的，一类是不好的。但他们归入好的一类的比较少，归入不好的一类比较多。比如，有的人认为“我希望别人听到了我的发言后会称赞我”。他们对称赞的要求比较高，可能包括这样几个意思：没有人不称赞，凡是听了发言的人都认为他讲的“好”；讲话的内容必须十分精彩，没有一丝差错根本就不是他的要求，他要做到的是每一句话都是精致的、完美的；在今后很长一段时间内，没有他人发言超过这次发言。

如果按照这个标准，几乎很难找到一个可以被人称赞的发言了。实际上，一个被人称赞的发言只要能够得到大部分人认同，在个别部分有出彩的地方就可以了。然而对社交恐惧的人可能却认为“如果没有被人称赞，那么这次发言就是失败的”。他的“失败”是彻底的失败，几乎可以将任何形容失败的词语用上。

在社交中走上这两个极端都会让人感到非常疲惫。一段成功的发言或者一段失败的发言并没有那么多要求严格的标准，我们要容忍自己没能做到最出色的地步，也要相信自己没有差到不能容忍的地步，将自身置于中间状态才是最恰当的做法。

社交恐惧者对自己的直觉异常相信，而且已经达到了执拗的地步，认为自己的直觉要比事实证据更准。这种思维会加深他们对错误想法确信程度。

有的人总是认为自己说话的时候语速过快或者过慢，不管别人怎样告诉他“你说话的速度很正常”，他都不相信，习惯于自我诊断，练习调整说话的速度，结果只会越练习越出错，本来很正常的语速，让他矫枉过正了。

再如，有的人对自己的衣着打扮缺乏信心，总是“发现”别人说他穿得像个乡巴佬。虽然事实上他穿得英俊潇洒，但却寻找到了自己穿着不得体的“证据”，这些证据来自他自己不正确的判断和没有理性的坚信。

以偏概全是很多社交恐惧的人常有的思维。他们习惯于注重一个不起眼的错误，而忽略整体上的优点。这是由过于关注细节造成的，将事物的整体忽略了。比如，说话的时候讲错了一个字，就盯着这一点小错误不放，将更为精彩的地方全部忽略。100 个听话人中只有一个人表现出不耐烦，就认为这 100 个人都对他有意见，都表现出不耐烦情绪来了。

将注意力集中在一个对全局不能造成影响的小事儿上，就会忽略事物的主干。而且这件小事儿基本上是负面信息，对这一点不重要的负面信息过分在意，很容易打击人的自信心，让人感觉自己什么事都做不好。

社交恐惧的人经常将自己排除在某个群体之外。这种想法可能是在对比中产生的。比如，一个家庭中有好几个孩子，其中有一个孩子表现得比他的兄弟姐妹们差一些，或者受父母的关注少一些，他就会将自己列入不属于这个家庭中的一类。他总感觉这个家庭没有他才是正常的，不然为什么父母不喜欢他，进而得出“他们”的做法都是正确的，只有自己在犯错的结论。这种想法在成年人中也普遍存在，一个人在与人交流插不上话的时候，就认为自己不是这个圈子的，朋友们都不愿意搭理他。

如果一个人有意识地认为自己被排除在某个群体之外，那么他在大脑中就会产生这样的想法：我和他们不是一类人，和他们在一起也没什么可说的，不管我说什么都插不进去话，即使插进去了，他们也觉得我说的不对。

他们试图改变自己，使自己融入一个集体中，但最终却发现无论怎样努力，都不能让自己和别人打成一片。此时，再看到其他人谈笑风生，立刻感到自己的存在感非常低，根本就不被人注意到。接下来就会感到慌乱，想办法避免和这一群人交往，免得自己说了他们不喜欢的话被人嫌弃。这种想法又印证了“我和他们不是一类人”的信念，感觉自己在这一群人中的境地非常尴尬、窘迫。

在这样一个个的恶性循环中，让人越来越讨厌与人交往，与朋友们的关系也越来越疏远。

社交恐惧者错误信念的共同特点是：对自己不利的信息关注过多，对自己有利的信息基本忽略。无论什么时候都会首先想到“我是不是又出错了”。社交恐惧者错误的想法不仅仅是上面列举到的这四种，还包括忽略优点思维、先入为主思维、夸大事实思维、假设并检验一个错误想法的思维等。有的时候，几个错误的想法可能同时出现在同一件事情上，这些想法之间相互证明，进而得出一个个更加错误的想法。

你是不是误解了社交的本质呢

人的认识影响人的情感，影响人的行为。因为对同一事物的看法不同，所以人的行为有千差万别的表现。有的人在社交中应对自如，有的人则是瑟瑟发抖，还有的人表示十分不屑。如果在社交开始之前就对社交抱有负面的看法，那样自然不会热衷于社交活动。

有的人在社交开始之前，就对社交打上了一个大大的错号。对社交的各种偏见和误解主要有以下几种。

一是“世态炎凉”心理。有些人把人与人之间丑陋的关系看得过于透彻，他们可能在多年的生活中受到了伤害，因此决定“归隐”，不再参与那些或者觥筹交错、推杯换盏，或者表里不一、曲意逢迎的生活。

有一部分人并不是因为受到伤害才看清社会的丑陋的，而是被各种宣扬社会丑陋的信息“洗脑”而认为社会是黑暗的。比如，在学校的时候，老师总是说：“你们要珍惜现在的友谊，社会上哪有真正的友谊存在？”比自己大一些的学长学姐们也经常告诉学弟学妹们：“社会上的人真是复杂，还是学校里好啊！”听多了有关社会的负面信息，让有些人在没有参加工作走向社会的时候就打退堂鼓了。

二是看透了人与人之间的利益关系。他们认为人与人之间缺少真诚，只有相互利用，发现自己身边的人只会利用自己，自己从来没有从他人身上得到好处。他们看到了身边经常出现还人情的例子，张三把李四滞销的产品买下了，李四记住了张三的恩情，将与自己有合作关系的王五介绍给李四，这样这份人情就还完了；陈某在王某生日的时候送了一块贵重的手表，所以王某在陈某结婚的时候送了价值相等的礼金……有些人把这种人情往来当作利益交换，认为大家的帮助和送礼都不是发自内心的，而是为了自己将来的需要做伏笔，感觉人与人之间的交往的动机性太重，真诚的分量无足轻重。

当把利益看得过于透彻的时候，就发现人际交往充满了功利性，认为自己根本不能与人进行利益互动，或者认为自己在利益互动中只有付出，很难得到好处。长此以往，就对社交失去了兴趣。

三是发现人心难测。每个人都在发生变化，这样才能适合社会的需要。然而有些人发现自己曾经的好朋友变得陌生了，发现现在的某人已经不再是曾经那个与自己亲密的人了，所以便认为人心真是深不可测，能够看得见一个人的外表，但永远不能猜透对方心里在想什么。持有这种想法会让人有厌世情绪，变得越来越悲观，越来越不合群。心里想着现在的某人不是我想要的某人，我们已经不是好朋友了，就会产生与他逐渐疏远的想法。实际上，不管人心有多么难测，只要有想要了解对方的欲望，就一定有办法知道对方的内心。认为人心难测实际上是不想猜测别人的内心。

四是认为社交就是形式主义。每个人从小就被教导要有礼貌。在现代生活中，保持礼貌是一种修养。礼貌礼仪有可能让本来简单的事情变得复杂，比如有的公司的年会就是“讲话 + 吃饭 + 发奖金”三个环节，有些员工就认为领导讲话就是浪费大家的时间讲废话，只要吃饭和发奖金就足够了。他没有看清楚讲话这种形式给员工带来的影响，这其中包括领导的关怀、激励员工的士气等。领导枯燥无味的讲话让他认为年会只是一个形式，不能让自己从中获得收获。

有的时候为了能够与他人更好地交往，我们需要注意自己的衣着打扮、说话的语音语调。但这在一些人眼中都是无用的，他们认为只要把话说清楚了，注意那些外在的东西有什么意义？

实际上，如果这些形式上的东西对促进人与人之间的沟通有意义，那么就应该保留，比如良好的仪容仪表容易获得人的喜欢和尊敬；如果形式上的东西没有实际内容，就可以放弃，比如公司领导在年会上夸夸其谈的讲话中没有体现出对员工的关怀。但不管这些形式是否有用，过分排斥它们会让一个人显得格格不入，甚至与其他人越来越疏远。

这些对社交的误解是经常出现的，实际上可能还有其他的误解，例如“人走茶凉”“距离产生了，美没了”“社交就是吃饭喝酒”等。不能容忍或者夸大社会中存在的丑陋现象，让人在想法上或者行事上更加偏激。这些想法让人对社交持有消极的态度，甚至让人产生远离世俗的情绪。

追求完美，也会让人产生社交恐惧

生活中经常有这样一种人，他们各方面表现已经非常不错了，但还是认为自己不够好，不允许自己有丝毫缺点。这些人看不到自己身上的闪光点，却善于发现自己的缺点和不足，不能容忍自己一丁点的失误。他们担心自己的这些缺点让别人无法接受。对于自己优秀的一面，他们始终看不见。如果有人告诉他“你很优秀”，他也会表现得非常谦虚，说：“我觉得人本来就应该这样，这算不了什么。”他们总是能找到各种理由否定自己，总是能发现自己身上的各种不足，虽然这些不足可能在别人眼中根本算不上什么。

这些对完美过于追求的人，非常容易产生社交恐惧心理。有一名办公室文员，不管什么工作到他手里，他都能出色地完成。在外人看起来，他是一个工作负责、与同事们相处得非常愉快的人。每当有人夸奖他的时候，他都谦虚地说“是我运气好”“这样做还不算太好”。久而久之，大家都认为他过分的谦虚。不过，他自己的内心是这样的：

如果我工作效率高一点，那应该可以早点完成的，刚才在传递文件时，××好像一副等了很久的样子……

我在刚才的发言中似乎太紧张了，有几个字的发音都不太准，貌似第三排有个人听出来了，不然他怎么皱一下眉头呢！

一会儿向领导汇报工作的时候，一定要注意用词，不能像上次一样惹得领导不高兴。

从他的心中所想可以发现，他不是故意谦虚，而是真的对自己要求严格，凡事都力求完美，在与人交往中，非常害怕自己有哪里做得不够好。社交恐惧者的自我完美主义倾向来自两方面：一是自己对自己要求过高；二是担心自己达不到他人的要求。

有社交恐惧感的人对自己的高要求有时候已经到了苛责的地步，所以他们经常对自己做出负面的评价，甚至让人感觉到他们在贬低自己。他们不断反思自己的行为是否有错，例如，我刚才说的话有没有问题，我刚才的表情是不是太僵硬了，我刚才回答问题的时候有没有断断续续。他们会仔细回忆自己的每一个动作，每一句话，回想一下是不是有不得当的地方。同时还要回想一下他人的反应，通过他人的反应验证自己的猜测。如果别人没有表现出什么情绪还好，那就表示自己基本合格了；如果别人有一丝轻微的不赞同，甚至可能不是针对他，有社交恐惧的人都会感觉自己又犯错误了，然后陷入深深的自责中。他们还会进一步地总结“经验”，想一想以后遇到类似的情况应该怎样做才算得体。

社交恐惧者心中有一个完美的、权威的自我，这个自我就是衡量行为的标准。不过这个标准太高了，经常让他们发现自己总是有不合格的地方。一旦发现自己做得不够好，就会否定自己。不自信的情感就会越来越强烈。尤其是当他们在社交中表现出脸红、出汗、声音颤抖、身体不停地打哆嗦等焦虑情绪以后，他们对自己的评价会立刻又降低一个等级。同时还认为别人看到了他种种不适应的表现以后，对他产生不好的印象。这样，他们对自己的负面评价会进一步加强，开始下一轮的恶性循环。

有社交恐惧感的人总是认为自己身上有很多缺点，在人群中容易出错。他们不但将“高标准、严要求”强加到自己身上，而且认为别人也是用这个标准衡量他的。所以，无论做什么事，他们都非常重视别人的评价，生怕自己做的不能让人满意。

恐惧是他们的一副望远镜，不管自己的缺点在哪里，都能被发现。恐惧也是他们一个敏锐的探测器，寻找到别人发现他出错了的迹象。这种战战兢兢的生活，让人心中非常不安，担心自己不够好的想法越来越强烈。在这种情绪的影响下，他们在与人交往中非常容易紧张。一旦出现这种情况，就更加加深了他们“我又出错了”的心理暗示。

长此以往，就得出一个错误的结论：我总是在大家面前出错，这不是在给别人添麻烦吗！为了让自己出丑的样子不出现在众人面前，他们尽量不让自己与人接触，直至最后，连亲人朋友都需要躲避。

每个人心中都有对自己的不满，但这种不满如果能让人进步，就不算是坏事。不过，心中有恐惧的人大多是低自尊、不自信、自卑的。社交恐惧的人无法忍受自己对自己的不满，虽然想摆脱，但却没有成功。

看上去有社交恐惧心理的人在回避与人交往，实际上他们排斥在外的人是自己。他们总是认为别人熟知自己的各种缺陷，将别人正常的言谈举止都看作是在嘲笑自己。别人对自己的不满都是社交恐惧者给自己找的麻烦，自己对自己的不满非要从别人身上发现。

对自己要求严格并没有错，但是一心想要做到极致，想要让别人挑不出一点问题来就会让人感觉太过疲惫。这样只能让自己成为自己的奴隶。极致的完美是根本不存在的，总是放不下自己的缺点只能让自己过得不快乐，花费大量的时间用于将自己打造成“完人”，这项工作一定是徒劳无功的。

每个人都需要面对一个真实的、有缺点的自己，而不是努力成为一个不可能存在的完美的自我。越是害怕自己有缺点，就越能源源不断地发现自己的缺点。要相信一个有缺点的自己是正常的，不要试图回避。我们需要看到自己身上的闪光点，容忍自己的不足，不要太苛责自己。

最重要的，是克服自卑

社交恐惧的诸多表现都与自卑、不自信有关。害怕上台演讲、不敢在公共场合说话、不敢正视与他们目光对峙、考试的时候过度紧张、害怕结婚等都与人们缺乏信心有关。缺乏自信给人带来毁灭性的打击。不够自信是人们各种恐惧最直接的原因，因此无论想摆脱任何一种社交恐惧的症状，都需要克服自卑心理，增强自信心。

自卑就是自己看低自己，这可能源自不正确的比较。得出自己不如别人的结论未必以事实为参考标准。我不如人可能是一种以个人的经验和主观想法为标准得出的结论。

在进行比较的时候切忌进行以偏概全和以己之短比人之长。比如，某个学生学习专业课成绩很好，但是他的体育表现总是不尽如人意，那么绝不能因为他不擅长体育就得出他是差生的结论。人力资源部的员工陈某擅长薪酬绩效考核，王某擅长业务流程再造。如果王某和陈某比绩效考核，可能得出自己专业性不强的结论，那么他一定在这场比试中失败。如果总是用这种方式进行比较，那么自信心一定受到打击，自卑感将越来越强烈。

比较的标准应该是事实依据，而不是使用别人的标准。假设一个打字员标准的工作任务是每小时 2300 字，那么某打字员达到了这个标准就应该算是合格了，如果他与一个每小时能打 2500 字的打字员相比，就会感到自己打字的速度太慢，进而产生我不如他的感觉。那些有成就的人往往成为大家比较的对象，大学毕业一年的学生和班级里收入最高的作比较，就认为自己混得太差了；40岁左右的人和同龄但已经成为领导的人比，就会认为自己的工作不好；人老了以后拿自己的子孙和别人优秀的子孙比，就会觉得自己的孩子怎么那么不争气。

这些比较都是以别人为基本参照进行的对比，实际上未必是有意义的，它只能让人感觉自己处处落了下风，紧追猛赶也追不上，因此便感到心情低落。经过这些“不公平”对比以后发现，自己和大家站在一起的时候总是做陪衬，便会萌生躲避的想法。

当人们谈论自己不擅长的领域时，就选择回避，免得被大家认定是最差的，那样会感到丢面子；当需要在公共场合发言的时候，就会感到自己不行、能力不强，一定会搞砸了，所以想办法尽量让自己不说话；当需要许多人竞争的时候，自卑的人首先就把自己摆在了失败的位置上，哪还有什么心思奋力一搏呢？

这些对比的结果不一定就是事实，而是对事物的看法。要想克服自卑心理，就要改变这些不正确的对比方式。首先要看到自己的优点，不要盯着自己的缺点不放，不要拿缺点和别人的优点比较，不要和最优秀的那个人比较，否则就永远不能在比较中找到自己的优势，“我不如人”的想法就会一步步得到“证实”，自卑感就会越来越强。

人们因为不恰当对比会产生一些“短处”，这些“短处”产生的自卑感可以通过改变对比标准的方法来克服。如果自身真的有短处，那么这些短处不可能因为改变对比方法而消失，只能通过转移注意力的方式让它们不被关注。比如，有的人天生长得就不好，感到很多人嘲笑他，这个时候就会感到自卑。长相是人们所不能改变的，但可以改变自己的学识、气质、道德修养。当他渊博的知识征服了很多人的时候，长相丑陋就不会被认为是一件见不得人的事情了。

合理对比和转移弥补能够从心理上改变对自己低下的认识。克服自卑不只是心理上过去那道不自信的坎儿，也需要从一些实际行动中建立起自信心。

比如，自卑的人总是想逃避众人的目光，让自己坐在不显眼的位置上。如果有这种想法，那么就强迫自己坐在靠前的位置，让自己接受别人的注视。和人对话的时候，不要逃避目光对视，反而要正视别人。走路的时候不要表现出畏首畏尾的样子来，虽然不要求自己走路看起来多么有气势，但至少要挺胸抬头，不要让自己缩成一团。每当感到局促不安的时候，都要告诉自己“我要对自己抱有希望”。

经常对自己做一些正面的提示，时刻激励自己做一个自信的人，长此以往，心里的负面想法就会不知不觉地退出去。

尴尬的场景既然已经过去，就不要念念不忘

尴尬的场面包括冷场、出丑和冲突等令人不愉快的场面。这些场景的出现的概率并没有小到可以忽略不计，但也没有频繁到让人时时刻刻提防。人们遇到这些场面可能感到不舒服，但在不能完全消灭的情况下也可以接受。这些场面对于社交恐惧者来说就是一段非常痛苦的记忆。

一项关于电梯恐惧的调查显示，初入职场的新人和在职场历练过的老人乘坐电梯时反应大大不同。那些新人进入电梯以后，非常害怕沉默的气氛，于是想尽办法找话说；那些老人则完全相反，简单地打个招呼以后，继续玩手机、听音乐、看报纸、接电话，完全不认为自己不加入聊天会让人感觉非常过分。

寒暄是令社交恐惧者头痛的问题。也许在第一次见面的时候，大家可以讨论天气太热或者大雨总是不停，但是这个话题被说得令人厌烦了，或者已经没有内容可以继续说的时候应该怎么办？

突然的冷场让社交恐惧者感到坐立不安，他们希望找到一个话题，否则只能听到彼此的呼吸声，对这些人来说是非常痛苦的。他们迫切希望有什么事情

能够打破沉默，但救世主似乎总是不能降临。唯一能够拯救场面的就是自己再找个话题。过了一会儿，场面又僵了。于是就出现了一个人在喋喋不休地讲，一个人默默无声地听这样一个滑稽的场面。不断讲话的人本身也不想多说话，但大家都不说话更令他无法忍受。

社交恐惧者恐惧无话可说，同时又恐惧不得不说话。假如领导让一名职员招待一个到公司参观的人，想必这名职员在不得不与领导的“贵客”攀谈时，也是十分难受的。

为什么有这么多人害怕冷场呢？主要是因为太过在意。那些职场老人向来不认为自己不加入聊天有什么过错，不认为自己的行为有多么不合群，因为久经职场的他们已经不在意这些外表的东西了。但新人则不一样，他们害怕别人贴上“不礼貌”“不合群”“不热情”“另类”的标签，所以会硬着头皮说话。

社交恐惧的人就属于那些过分在意自己留给他人印象的一类人。他们把人与人之间的交流看得非常重要，虽然他们本身可能不喜欢或者不擅长社交，但潜意识里有很强的和大家打成一片或者拥有一个广大的交际圈的欲望，这类人在两种冲突之下就表现出了对冷场的极端不能容忍。

不论什么人，都会害怕出丑。但人们不会将出丑一直挂在心上，但当准备非常充分，杜绝了出丑这种可能性的时候，就基本忘记了会不会出丑这回事了。然而社交恐惧者会一直担忧自己会不会出丑，因而经常保持警惕，一会儿看看自己的衣着是不是有问题，一会儿想象自己是不是说了令人发笑的话，或者认为自己是不是做了画蛇添足的事。另外，社交恐惧者出丑的底线非常低，平常人认为非常正常不过的事也会被判定为“丑事”，所以他们常常悔恨自己又做了什么错事。

冲突是所有人都害怕的，对于社交恐惧者更是如此。他们冲突恐惧的表现和出丑一样，一是过于警惕，二是底线太低。哪怕只是意见不一致都会被他们当作对立的兆头，所以即使持有不同意见，也会保留在心里，嘴上还是赞成别人的想法。他们时常担心自己说的某句话得罪了人，因此表现得小心翼翼，或者“来者不拒”，所以有的时候给人一副“老好人”或者“差不多先生”的印象。

社交恐惧者不敢冒犯别人，所以有时候会刻意地恭维或者迎合他人，唯恐双方发生争执。但在他人已经明显地冒犯了自己时，社交恐惧者又会为了避免冲突而“牙掉了咽在肚子里”，争取大事化小小事化了。这些“委曲求全”的做法让他们确实感到非常委屈，过着压抑而又不敢反抗的生活。总之，他们认为为了避免出现冲突的场面，就必须要“舍小我成就大家”。

当冲突的场面真的出现的时候，社交恐惧者又不知道怎么做，只想着赶快息事宁人，不要让事情更严重，这样做可能又让他们吃了个闷亏。这种心理在生活中的实际场景可能是：在公交车上被人踩了，对方不但不道歉而且态度恶劣，但自己却“敢怒而不敢言”；在商店买了不合适的商品却不敢退换；上司给了繁重的工作却不敢说自己太累了，根本完不成。这些本来应该给以“反击”的场景都被他们默默忍受了。

社交恐惧者所担心的尴尬场面可能还包括不知道怎样回答对方的问题而支支吾吾，没有做好别人交代的事而过于自责等。这些表现反映出他们对人际交往的渴望，希望自己是个受欢迎的人，希望人际关系是和谐的，但也反映出他们心理上的不成熟，习惯性地小心谨慎而且随时保持戒备。

有意制造尴尬，变被动为主动

社交恐惧者在处于尴尬的环境中时，感到非常不自然，甚至不知所措。但任何人都不能保证自己永远都不会遇到尴尬的场景，所以这些场景是一定要适应的。如果生活中这样的场景不多，那么在不引起严重不良后果的前提下，不让别人感到不耐烦或者愤怒的条件下，可以故意制造一些尴尬或者不愉快的场景，在这个环境中练习克服恐惧感。

与其让恐惧感来攻击自己，不如主动出击，制造尴尬并解决，营造心理优势，培养化解尴尬的能力。但制造冲突的场景不是为了挑衅生事，而是在这样的环境中注意体会自己的心理感受，适应那些看起来不算和谐的环境。

最容易做到的是发表与别人不一致的意见。在与人讨论那些不太重要的话题时，如果不赞同某种观点，就大胆地讲出来。比如那些谈及明星、电影、运动员的话题，不一定非要迎合他人的喜好。发表不同意见的时候，不要贬低对方，只是练习把自己想说的话说出来，克服害怕因为意见不一致而与人产生不愉快的恐惧。

练习与陌生人说话，并且练习忍受沉默。在等车、排队的时候，试着与不认识的人攀谈两句，在一两个小时以内尽量多找一些人说话，这样能让自己感受与不太熟悉的人交往的一般模式。然后回到日常的生活环境中，在一些认识但不太熟悉的人中说话时，想一想自己在与陌生人交流时并没有感到不舒服，所以不要太在意冷场。要认识到与并非特别亲密的人交流和与陌生人交流有共同之处，不一定时时刻刻都处于讲话状态，没有话题可讨论的时候，保持沉默是非常正常的。

试着指出他人的缺点或者不当的行为。不过这些缺点不能让对方感到无法容忍，甚至当场就有大打出手这种反击行为的冲动。你可以对你的同事说“你应该把垃圾扔在垃圾箱里，不应该在没扔进去的时候还假装看不见”，但不要说“你工作效率太低下了”。不过对于非常亲近的人可以说：“你吃饭的时候最好不要让嘴发出声响，那样太不礼貌了。”这些话产生的不好后果不太严重，但却可能让两人之间非常平滑式的交流状态出现一些有小摩擦，可以让自己适应不完全由礼貌组成，还需要容忍冲突的交流情境。

故意说错话。当然这些说错的话不能是最重要的，在公司做报告的时候故意将重要的内容说错的后果是非常严重的，领导一定感到不满。需要说错的话是那些不太重要，或者可以调节气氛的话。这样做是为了克服出丑的恐惧，在别人都讨论你说错话的时候，感受因为自己的不足而被人关注的气氛，从而让自己知道，其实出丑没什么大不了的，大家笑一笑就结束了。

到商店去退换一件本身没有问题的商品。这样做不是为了刁难售货员，而是感受即将与人发生争执的气氛。

如果售货员二话没说，就非常高兴地把你购买的商品退了，那么就应该知道：实际上，我所担心的别人总是愿意故意找麻烦，是不对的。售货员欣然同意帮助我把货退了，这说明人与人之间相互包容要比相互挑剔多，我害怕大家一言不合而起冲突的想法是错误的。

如果售货员不想退换商品，那么就多和他磨一磨时间，要相信只要不是无理取闹，不是故意找碴，售货员是不会让保安把顾客拖走或者报警的。售货员要做的只是尽他最大的可能与人周旋，每当就要被他说动的时候，都要告诉自己迎难而上，多给自己一些感受尴尬和冲突的时间，最后的结果是不重要的，目的是让自己知道即使我和别人争吵起来，那也没什么大不了的。

类似的做法还有去市场与商家讲价，但在最后不一定购买商品。在进行这些练习的时候一定要注意不要给人添麻烦，在售货员接待大量顾客的时候，不要去打扰人家，这会让人感觉你是去“砸场子”的。总之，要把握好“度”的问题，不要让一场为了克服恐惧而制造的虚假冲突演变成真的冲突。

练习给别人添一些小麻烦，但这些小麻烦一定不要产生大麻烦的后果。比如，当绿灯亮了的时候，停几秒钟再开车；在ATM机取完钱的时候多停留几秒钟，让排队的人感受到一点不耐烦。这个时候你一定感受到有人在嘴上或者心里骂你“傻”“笨蛋”，感受这种冲突即将发生的氛围，锻炼自己承受他人压力的能力，就会发现，自己的承受能力没有想象中的那样差。不过每次停留的时间只要几秒钟就足够了，时间太多就会演变成“假戏真做”了。

以上提到的这些做法可以练习我们应对尴尬场面的承受能力。不过让自己主动制造这些场景似乎是一件非常痛苦的事，因为不管是谁，做以上提到的这些事都会感觉自己是个不厚道的人或者感觉自己是个粗鲁的人。每次犹豫的时候都可以告诉自己“我在演戏”。另外，需要再次强调一点，一定要适可而止。制造这些不愉快的场景的目的是切身体会尴尬的环境不过如此，实际上并没有什么值得畏惧的。

只要有跟人说话的机会，必须珍惜

要想克服对一种特殊物体的恐惧，可能需要做出很多准备，在场所上还会受到一些限制。比如，要想克服一种对动物的恐惧，需要寻找一些与之相关的图片、录像，要想克服暴风雨恐惧，最好是在暴风雨天气中才能有效果；想要克服飞行恐惧，需要暴露在飞行的情境中，如果真的去乘坐飞机，那将是一笔不小的花费。此外，不管克服哪种恐惧，都需要对恐惧的对象有所了解，通过各种方式查找资料是避免不了的。但克服社交恐惧就没有那么麻烦了，一是不需要特定的道具，二是不需要等到特定的场合。生活中有很多可以克服社交恐惧的机会，只要用心寻找，这些机会都可以加以利用。

我们需要培养随时克服社交恐惧的意识，珍惜每一个与人交往的机会，让克服社交恐惧成为一种习惯。以下这些小事都是非常容易做到的。

上班的时候与自己不太熟悉的同事打个招呼。虽然在以前没有发现大家在工作中需要配合和交流，但不保证以后也是“老死不相往来”的工作状态。这样做不一定是以功利性为出发点，很多交情都是从点头开始的，在几次打招呼以后大家就会熟悉了，甚至有可能发展成为朋友。

如果有当众发言的机会，那么多说几句。当众讲话的机会是不可求的，一定要珍惜。这样做不是为了让听众记住，而是为了克服怯场和羞怯感，找回自信心。

周一上班的时候问问同事们周末是不是过得愉快。虽然这是一个非常老掉牙的做法，但多少有拉近感情的作用。人们在社交的时候很有可能遇到冷场的局面，这些无关痛痒的话题能够缓和一点尴尬的气氛。另外，这是一个“名正言顺”的与人交流，练习说话的机会，自然要利用。

接受别人问候的时候不要只是点头了事，最好说几句话。有的时候，我们会感觉多说几句无关痛痒的话是一种浪费时间的行为。但是想象一下这个场景：

中午十二点下班了，同事们都去吃饭了，在餐厅用餐的时候有位同事礼貌地对你说“你也来 ×× 餐厅用餐了”，你坐在椅子上点点头，一句话也没有说，继续与盘中的食物奋战。这个场景是不是很像下属向领导打招呼，而领导点个头不说话，扭头就走了？也许当时忙于吃饭的你并没有想法，但你的同事自然会想到“×× 是个骄傲的人，别人打招呼的时候都不理人”。

实际上与人打个招呼用不了两分钟的时间，为什么不用这两分钟和同事说两句话？只要是能让自己开口说话的机会，都不要放过。

当自己与同事在路上碰到第三个同事时，要让自己时不时地插上几句话。如果那两个人在打招呼、寒暄，而你一个人闭口不言，会不会感到存在感特别低？说话不是为了打断别人的思路，而是为了锻炼自己在众人面前说话的能力。不要让自己像一个“跟屁虫”那样傻乎乎地与人们站在一起，这样只会让你感到你被他们两个排斥了。

如果能够顺手帮助他人的时候，就帮助他人。比如，帮一个抱着一堆文件的人按电梯楼层，帮一个陌生人指路，帮办公室的同事们打扫卫生或者泡咖啡。这些简单的互动可能不包括语言交流，却有一个作用：让自己感到自己是被人需要的，发现自己是存在一个集体中的，而不是孤单地一个人生活。

同理，如果有需要他人帮助的时候，也大胆地提出来，比如提重物、搬家、修电脑。不过，请人帮忙不是在自己能够完成的情况下麻烦别人，让人感到做作，而是在自己需要很费力才能完成，或者根本不能完成的情况下请求支援。

试着寒暄。有的时候，人们认为寒暄就是在没话找话说，比如和同事同乘一部电梯的时候讨论天气，在公司签到的时候对前台说你今天穿得非常得体，路过邻居家门前的时候夸邻居家的花长得真好或者孩子非常聪明，和售货员聊天说某种商品非常实用而且价格合理……这些活动看似是无意义的，但能让人感到自己并没有独立于社交网络而存在。

想一想一个人每天坐在办公室，上班期间不需要和人打交道，或者只在 QQ 上交流，下班以后除了买菜就没有说话的机会。如果还不抓住机会和遇到的人攀谈，就会感到自己的社会性越来越低，甚至有与社会脱节的感觉，社交能力必然因为说话的机会太少而下降。所以，如果有和人攀谈的机会，那么一定不要放过。不期望这些闲聊能给生活带来多大改变，但闲聊能让我们感觉自己正在过着社会生活。

总之，我们应该抓住生活中能够让我们开口讲话的一切机会。这样做的好处有：一是让我们克服开口难的毛病；二是让我们认识到每个人都生活在社会环境中，没有脱离环境而生活的人；三是这些非正式的交流可能是正式交友的基础，也是扩大交际圈的需要。

不敢说“不”的痛苦

古希腊哲学家毕达哥拉斯说过：“最短而又经常需要说的两个字是‘好’和‘不’，无论说出哪一个，我们都需要经过仔细的考虑。”大多数人都觉得说出“不”是难以启齿的事情，不过在别人的要求违反了他们的原则时，他们能毫不犹豫地说“不”，或者委婉地拒绝，总会将自己否定的意思表达清楚。然而社交恐惧者却是一个“老好人”，不管别人的要求有多么不合理，不管自己是不是能做到，始终不能将拒绝的话说出口。当着别人的面展现出“乐于助人”的样子，但背地里只能叹气。

伊芙在一家施工单位上班，是行政部的一名文员。她已经在这家单位工作多年了，但却从来没有感觉到开心。

在施工单位中，男同事比较多，他们每天在办公室里吞云吐雾，让伊芙觉得无法呼吸。可是她却不敢让这些人不要吸烟，她认为别人都是大领导，自己一个小文员的话有什么分量，只得自己默默承受着。

同事们都知道伊芙从不说“不”，所以总是让伊芙帮忙做事，他们将自己的工作分给伊芙，口上说拜托帮忙，实际上是想自己偷个懒。伊芙不会拒绝，所以只能加班加点将工作做完。

每天中午到了吃午饭的时间，同事们总是让她从食堂将饭菜带回来。伊芙每次都抱着一大堆饭盒回办公室，其他部门的人还以为她是卖盒饭的。

伊芙觉得有的同事简直欺人太甚，找个理由向她借钱，每次数量都不多，伊芙不好意思说不借，只能饱含泪水地将钱从钱包里取出来。事后，这个人吃准了伊芙不会开口让他还钱，从来不提还钱的事。

为了与同事们搞好关系，伊芙只能把眼泪往肚子里咽，虽然感觉同事们在利用她，但用她的话来说，也只能任由同事们欺负她。

伊芙已经在这家公司工作五年了，但是还拿着新员工的工资，她有几次想要提出加薪，但走到了上司办公室门前却不敢敲门，敲门进去后也不敢将自己的想法表达出来。她觉得领导不可能不知道她的想法，只是领导们喜欢只做工作而又拿低工资的员工，她认为领导们一定知道她不敢提出加薪，所以从来没有和她谈过这件事。伊芙想要换个工作，但却不敢和上司提出辞职。

不敢说“不”让人将自己的真实想法隐藏起来，在与人的交往中处于被动的局面，既让别人不知道自己的想法，无法进行有效的沟通，又让自己内心压抑，长时间处于这样的状态，甚至能患上精神疾病。

之所以存在不会拒绝别人的心理障碍，主要是害怕别人在听到“不”后有不喜欢的反应。首先是怕两个人面子上过不去，将说“不”与绝交画等号。如果将自己不喜欢的想法表达出来，害怕失去两个人之间的友谊，担心如果不答应对方的要求，那么两人将无法继续做朋友。无奈之下，只得自己放弃原则，维护两个人之间的关系。但这样做又感到不甘心，这样就形成了一种病态的交往模式。

伊芙的不敢说“不”不是针对一个人的，而是面向所有人的。伊芙害怕同事们孤立自己，这会让她在公司失去关系圈，如果大家都不理她，她会感觉到自己是个局外人。伊芙从心理上是希望和同事们友好相处的，但是她害怕如果自己拒绝了同事们的要求，那么这种“友好”的关系是不是还能维持下去。

有的人不敢说“不”是怕对自己造成损害。上文中的伊芙不敢制止同事们吸烟，是因为自己的级别低，害怕失去这份工作。在职场中，伊芙只是个小职员，她的力量绝对无法对抗那些管理部门的领导，她深知得罪了领导对自己没有一点好处。既然已经知道自己说了“不”也不一定有什么效果，还可能对自己有不好的影响，倒不如闭口不言，让别人感觉自己是一个合群的人。让领导们厌烦自己，只能给自己的职业生涯增加一块绊脚石。

社交恐惧者在本质上有与人交往的意愿，但出于各种原因却对社交产生了恐惧心理。对于无法将“不”说出口的人也是一样。

当伊芙的同事们向她借钱的时候，伊芙产生了非常矛盾的心理，一方面不想借钱给同事们，尤其是那些吸血鬼一样的同事；另一方面却害怕如果自己不借，会不会产生什么不好的结果。比如，被同事们认为没有爱心、自私，被认为是个冷血的人。伊芙担心如果同事们冒出一句：“你这个人怎么这么不爽快，只是向你借一点钱而已，又不是太多，竟然这么费劲！真是难以相处！”如果这样，伊芙一定感觉到自己被贴上了“坏人”“见死不救”“狭隘”“没有良心”这样的标签。

不敢说“不”的原因大多是害怕与自己拒绝的人的关系因为一个“不”字而陷入僵局，不过也有个人方面的原因——认为说“不”违背了自己的良知。这是对自己要求太高的表现，总是认为说“不”是一件坏事，这会使自己的心里感觉非常内疚。

凡事都说“好”，不敢说“不”，从表面上看是为了维护良好的人际关系，但这些和谐的人际关系只是表象。对于那些没能将“不”说出来的人，他们感觉自己用心良苦，不过这些良苦的用心未必有好报。做一个老好人只能让自己感觉特别累，感觉到有付出没有回报，还要忍受心理压抑的痛苦；在他人眼中，老好人可能是一个好朋友，但却是一个没有原则的朋友。

第十章

你的形象没你想的那么糟

——克服特殊社交恐惧症

极少有人长得惨不忍睹

外貌恐惧是指对外貌过于关注，从而认为自己的身体有缺陷，同时还担心自己的“缺陷”会受到他人的歧视。

外貌恐惧似乎没有任何来由。主要表现是能够寻找到自己身体上的诸多问题,比如:认为自己太瘦或者太胖,认为自己的鼻子不够挺直,发现自己经常脱发,感觉自己有罗圈腿或者熊猫眼，女性感觉胸部不够丰满，男性认为自己肌肉不够健壮等。其实，正常人都会从自己的身上发现不够美的地方，但不会将这些不美看得过于严重，基本上都接受父母赐予的身体。哪怕是认为自己的身体非常丑，也不会达到影响生活的地步。

然而外貌恐惧的人对身体的重视让他们的生活非常混乱。有的人不愿意看到自己的形象，所以家中没有一面镜子；从来不到水边去，以免看到自己丑陋的倒影；拒绝拍照，也不看自己的照片；远离一切可以看到自己形象的反光的物体，比如商场的玻璃，或者光可照人的地板。

为了避免去商场，他们使用网购的方式购买衣服。为了遮住自己丑陋的身体或者脸，他们拒绝穿紧身的衣服，以免露出自己的身形，更不可能穿上裸露身体的衣服。出门一定要化妆、戴上眼镜，或者去做个造型。为了不让自己丑陋的外形被人看见，有时候甚至选择闭门不出，因而引起社交障碍。有的时候，他们为了改变外貌，甚至都想要去整容。他们时常为造物主没有赐予自己美貌而独自伤悲。

也有一种与之相反的表现，他们潜意识里认为自己是不够美的，所以总要找到证据证明自己是漂亮的，所以经常照镜子，遇到能够照人的光滑平面绝对不放过，总是想着将自己美的一面展现出来。其实这些行为恰好表现出他们的心虚，因为确信自己是不够美的，所以才强调自己的美。

还有一部分人习惯将自己身体的“缺陷”联系到疾病，看到身上有个点，就怀疑自己是不是得了癌症或者艾滋病；感觉自己的腿不够直的时候就认为自己是个骨质疏松患者。克服这种恐惧需要使用克服疾病恐惧的方法。

克服外貌恐惧是一件非常困难的事情，因为改变人的外貌几乎只有整容一条出路。而整容也不是从根本上解决问题的方法。另外，让人改变对自己外貌的看法也是非常困难的。所以，克服外貌恐惧只能尽量让人改变自己错误的认识，如果恐惧情绪非常强烈，只能借助药物调节情绪。

外貌恐惧的人认为自己的“丑陋”是不可接受的，那么就要想办法让他们接受自己的“丑陋”。找一找外形丑陋，但却非常成功的名人，学习他们是怎样接受自己的容貌的。

从他们身上可以发现，当人的优点非常强烈时，外形不美观是不被重视的，丑陋在正确利用下反而让人从中受益，丑陋不是让人嘲笑的理由。

那些认为自己的外表有缺陷的人实际上不一定真的有缺陷，在不能改变个人认识的情况下，就应该想办法让丑陋的人恢复正常生活。

如果一个人非常讨厌照镜子，那么就多多照镜子，经常看到自己的形象，时间久了也就能接受了。有的人不敢看水中的倒影，所以不去游泳，或者在进入游泳池之前用毛巾蒙着脸，跳入游泳池以后才把毛巾拿开。如果有这种行为，就应该强迫自己看水中的倒影。不敢去商场试衣服的人就更应该多去试衣服克服恐惧感。反之，如果太沉溺于照镜子，就应该想办法远离镜子。

克服外貌恐惧主要在于进行自我心理调节。因为每个人的形象已经很难被改变了，那就应该想办法接受。即使不想接受这种形象，那么也不能一辈子都回避。多进行这样的思考就可以缓解对外貌丑陋的恐惧。

不雅行为会突如其来吗

出现不雅行为的恐惧包括害怕肚子咕噜叫、害怕放屁、害怕出现大小便失禁、害怕身体散发出气味等。这些恐惧都属于特殊恐惧。人们为了让自己不出现这些不雅行为，会采取各种防御措施，比如少吃或者不吃豆类食品、频繁上厕所、尽量不出门、避免和人谈论这些难为情的事、尽量不出现在熟人面前以免尴尬等。

产生这些恐惧的原因可能是曾经有过令人感到羞耻的经历，也有可能是看到别人做出不雅行为以后联想自己。克服这些恐惧的方法就是让自己“做出”这些不雅行为，让心理和身体承受恐惧感，同时发现即使这些不雅行为真的出现了，周围的人也不一定非常关注，也不会恶意嘲笑，大家很快就会翻过这尴尬的一页。

伊贝不愿意与人交往，大家都怀疑她有社交恐惧症，然而她自己知道，她之所以不愿意与人交往，是害怕自己在众人面前放屁。

高中时的一次经历给她留下了深深的心理阴影。有一次，数学老师让她到黑板上做题，她在做题的时候放了个屁。她班级的一些男生比较调皮，经常拿这件事嘲笑她，每次经过她身边时，总会发出放屁声戏弄她。伊贝逐渐感觉到自己根本不能忍受同学们的嘲笑，于是转学了。和她一起转学的，还有她的放屁恐惧。后来，在心理医生的帮助下，伊贝逐渐克服了这种恐惧。

心理医生让她去玩具店买一个能发出放屁声的玩具，让她拿着这个玩具去公共场所。当她坐在这个玩具上的时候，玩具就会发出放屁声，这个时候可能就会有人看她。此时，任何人都会感到非常尴尬。

伊贝需要接受他人的疑惑的眼光，然后勇敢地对人说："对不起，我的胃今天不太舒服。"实际上，人们都会对她比较宽容，没有恶意的刁难，继续做自己刚才做的事去了。

在刚开始接受这种训练的时候，伊贝感到非常难为情，她认为别人总会对她的不雅行为指指点点，对她冷嘲热讽，嫌她不注意形象，行为粗鲁。

经过几次试验以后，伊贝发现大家的态度比她想象的宽容得多，都只把这件事当作一个尴尬的小插曲，绝对没有不停地嘲笑她的做法。

接下来，伊贝改变对食物过于挑剔的做法，开始吃花生、大豆、洋葱、萝卜等助消化的食物。同时练习和朋友们讨论放屁的话题，大家在一起互相开玩笑说"你放的屁又臭又响"。

经过一段时间以后，伊贝便能够接受大家谈论这个话题了，也敢独自去坐车、去商场了。她彻底了摆脱了这种恐惧。

从伊贝克服不雅恐惧的过程中可以得知，人们对不雅行为特别恐惧，主要是因为害怕被别人贴上行为粗鲁的标签，害怕被人嘲笑。要想克服这种恐惧，就要让自己做出不雅的行为，亲身经历一次尴尬的环境，得出不会被人嘲笑的结论。

对于大小便失禁恐惧也是如此，比如穿一件白色的裤子，故意将裤了后面弄成黄色，然后到一个人多的餐厅，询问服务员卫生间在哪里，这相当于让人误解已经大便失禁了。

恐惧的情境没有来临的时候，人们脑子里总是想象这些情境，感到不知所措。但是当切身经历这些情境的时候，就会发现现实情况并没有自己想象的那样糟糕。所以，让自己置身于恐惧的情境能够赶走心中的恐惧感。

汉斯夫人总是担心自己身上发出奇怪的气味。她的恐惧感是在与丈夫的一次聊天中产生的。那时候她新婚不久，丈夫说公司里有位同事身上的气味非常难闻。汉斯夫人便记住了这件事，总担心自己也是一个让人有呕吐感的人。

从此以后，为了不让她的气味被人闻到，她不去服装店试衣服，不去电影院；不和邻居聊天；如果去教堂，那就去大教堂，彼此之间的距离比较远，别人就不会闻到她身上的气味了。汉斯夫人对自己的“除臭”工作非常到位，每天不停地洗澡、换衣服。

心理医生建议汉斯夫人将走出家门作为克服恐惧的第一步，让她送儿子到公交车站牌前，经过邻居的花园，听别人讨论气味的问题，每隔两周在有人陪同的情况下完成一次购物，在商场购物时去最长的队伍后面排队结账，以增加在商场逗留的时间。经过一段时间的练习，汉斯夫人的恐惧感明显减轻了。

接下来，汉斯夫人需要做略微难一点的任务，包括和丈夫去看一场电影，每天陪儿子在家里以外的地方散步一小时，强迫自己坐公交车，独自去商场购物，这个时候她对曾经完成的任务已经基本感觉不到惊慌了。

最后，汉斯夫人要像普通人一样外出。独自一人去商场，到服装店的试衣间里试衣服，去超市除臭剂的货架前看各种除臭器，和朋友以及邻居聊天，而且并不避讳有关气味的话题。完成这些任务以后，汉斯夫人已经不再担心自己身上发出气味了。

从伊贝和汉斯夫人克服不雅行为恐惧的过程中可以发现，那些担心自己做出不雅行为的人，很少或者根本就没有做出过不雅行为，他们的担心都是多余的。为了打消这种不必要的疑虑，需要让自己真实地感受做出不雅行为的环境，让恐惧的情绪从想象中转移到现实中去，当恐惧感排解出去，认识到自己曾经有过很多没有理由的担忧以后，自然就不再害怕做出不雅的行为了。

真的有那么多人盯着你吗

一位刚毕业的学生进入职场后，各方面都感到不适宜，尤其是与人打交道方面，这位职场新人这样描述自己的状态：

经过千挑万选和几重面试进入这家企业让我兴奋了很久。但是我的兴奋没持续多久，我就感觉到工作氛围真是让我难以忍受了。办公室人员来往很多，我总是感觉大家用异样的眼光看着我这个新人。

有的时候我会将同事们开玩笑的话当成他们在嘲讽我。不管别人说什么无心的话，我都感觉他们又在对我指指点点。当同事们纠正我工作中的失误时，我就感觉他们的眼睛似乎在嫌弃我笨，心里一定想着“这个新来的真是没用，这点儿事都做不好”。

我曾经想过不去在意他人的想法，但每当进入办公室的时候，我就止不住想着别人怎么看我。这种工作状态让我感觉身心疲惫，不但要想着工作中的事情，还要想着怎样处理人际关系的问题。我已经在考虑是不是应该换一个工作了。

这位大学生总是关注别人对自己的看法，不断地怀疑别人将注意力集中在自己身上。很多对社交产生恐惧的人都有这种心理，认为他人时时刻刻都在关注自己。这样的人是敏感而脆弱的，尤其是在与人的交往中，他们会变得更加敏感，将别人无意识的举动都理解成：“是不是有人在看我笑话？”

这种对“我是大家关注的焦点”的担忧对人的发展造成很多不利的影响。因为担心有人看着自己的想法让人在众目睽睽之下表现得更加紧张，身体上有发抖、出汗的表现，另外还伴随着脸红、口吃等反应。

当一个社交中经常感到恐惧的人在找工作参加面试的时候，在演讲或者做报告的时候，被人关注让他感觉非常不自在，很容易让他发挥失常。所以，一些有着表演天赋的音乐家，因为害怕他人关注自己而不得不退居二线，去当音乐教师。

即使在不需要众人关注的情况下，害怕有人正在看着自己这种想法也经常出现在社交恐惧者的大脑中。在众人随意聊天的时候，总是怀疑自己是闲聊话题中的主人公，会感觉他们在指桑骂槐，借着闲聊这种方式诋毁自己。

比如，一名学生上课迟到了，坐在了教室最后一排的位置上，他前排的两名同学正好有话要说，他就会感觉这两个人在讨论他迟到这件事。这时候，正在讲课的老师看了那两名同学一眼，示意他们不要在课堂上讲话，此时，这名迟到的学生又会感觉到：老师对我不满了，他刚刚看了我一眼，是在批评我不应该上课迟到。

实际上，老师可能并不知道迟到的学生是不是选修了这门课，只把他当作旁听生而已。这名迟到的学生还可能会继续下一轮的思考：老师记住迟到的我了，我的课堂表现成绩分数一定不会高了，如果我非常不幸运，是不是要重修这门课呢？

种种以自我为中心的想法都让人的思想负担非常重。因为担心大家能记住自己的每一个行为举止，就要考虑怎样做才能让人满意，至少不让别人产生不好的想法。所以，每说一句话，每做一件事，都要经过几番思想斗争，保证做出让人满意的行为。

实际上，在一些社交中，并没有真正的焦点。在一场宴会中，宴会的主人或者主持者可能会受到人们的关注；在生日聚会上，人们可能对寿星的关注多一些。

在很多情况下，每个人在社交中都在忙自己的事情，包括：与老朋友聊一聊家常；结交新朋友；与客户寒暄或者谈判；向朋友们介绍这座城市有什么好去处；在一群人中聊一聊最近发生的事情，增进了解或者促进感情……人们并不总是关注周围是不是有奇怪的人，没有什么人因为有一处特别吸引人的地方而备受关注。这时候，如果有一个身穿奇装异服，动作怪异而又搞笑的人从众人面前走过，虽然人们看见这个人的穿着打扮非常可笑，但也只是看了看，不会指指点点或者谈论他这样做到底好不好，每个人都要继续忙自己刚才做的事。

总是担心自己会不会给别人留下不好的印象，想着别人会怎样评价自己，似乎都是徒劳无功的，因为别人可能根本都没有关注到这个人。

担心自己成为被关注的中心这种心理是非常普遍的，不管是在真的成为中心的条件下，还是“假中心”的环境下，社交恐惧的人都非常害怕自己不好的一面暴露在众人面前。实际上，这种担心完全是多余的，因为只是他自己认为他被大家关注了。

降低自我关注的小方法

社交恐惧者对自我的关注给他们带来很多麻烦。如果对自己的关注过度，那么用来思考其他问题的精力就非常有限，想不到处理其他问题的方法。因为心底总有一个声音在提醒“有人在看你，你要好好表现”，这会让人的焦虑情绪更加强烈，甚至感到做什么都不对。这是一种寻求自保的表现，然而过度保护却把自己与他人隔绝了起来，人们会因为太在意别人是否看着自己，而将社交活动中的一些细节忘记，在这种情况下，社交成为一种检验自我的手段，而不是一个交往的场合。

为了让社交拥有它本身该有的价值，而不是一个检验自我的手段，应该想办法降低自我意识。可以通过一个调节注意力的实验发现关注自己与关注他人时的不同心态。

先选择一个与自己关系不太密切的场景，比如等候公交车、排队买票、看电影等，在这些场景中，每个人只要做自己就好，基本不需要和他人互动，而且每个人之间的差距都不大，人与人之间基本上都不会互相关注。

第二步开始练习关注自己，用三五分钟思考一些和自身有关的问题，例如：

我今天穿的衣服合不合身？是不是显得太胖了？我早上有没有吃饱，是不是看起来没精打采？排队的人都是怎样看我的？售票员是怎样看我的？一旦注意力分散到其他的事情上去，就立刻拉回来继续想这些和自己相关的问题。

五分钟以后做一个总结，试着回答这些问题：我心里竟然思考这么多问题，是不是太无聊了？我总是认为有人看我，这种想法是不是错的？我到底错得多么严重？我是不是应该改变我这种总是胡思乱想的毛病？我刚才有没有关注其他人的言谈举止、穿衣打扮？对别人的这些细节问题，我知道的有多少？这些问题最后可以归纳为两点：一是我在关注自己的时候有什么感觉；二是我在关注自己的时候都注意到了什么。

接下来将注意力集中在他人身上，但不是用眼睛盯着别人看，而是看看自己平时会不会有意识地思考那些别人穿衣打扮、言谈举止方面的问题。然后从自己的感觉和关注内容两方面进行总结。

最后，对比关注自己和关注他人所做出的总结，发现两者的异同。想一想自己关注他人的时候是有意识的吗，是什么原因驱使自己关注他人的。这个实验的目的是通过了解自己是不是有注意他人的习惯，反推别人是不是有注意自己的习惯。

人与人之间有很多的共性，既然自己并没有注意别人的习惯，同理别人也不可能总是注意自己。有的人之所以总感觉自己被人注视着，那是因为自己对自己的关注过多，而不是他人对自己的关注过多。就像实验的第一步那样，所有的担忧都是自己想象出来的，别人并没有这样想。

双向关注实验解决了担心自己是焦点的思想包袱，但这并不能让人把自我关注理解成他人关注的习惯改掉，这就需要一些方法，让一个人对自己的关注下降。减少对自我的关注的目的是让人不要总是想着自身感受的问题，而是将精力放在处理周围的事务上。

首先是让自己不要去想曾经不愉快的经历。有的人可能有过在大家面前跌倒的经历，这让他感到很尴尬，所以在他后来的社交活动中就会注意自己的鞋是不是耐滑，关注别人是不是嘲笑他曾经跌倒的经历，每次发现“嘲讽”

的信号，都有让自己立刻消失的想法。如果有过类似的经历，那么就强迫自己不要想那些不愉快的经历。不要让自己时刻注意着“危险”，让悲观的想法暂时退出大脑。

让自己的注意力转移到周围发生的事情上。发现别人关注自己的本质是将自己对自己的过度关注转移到了他人身上去，所以要想摆脱这种不利的想法，就要将自己的注意力转移到别人身上去。这样做的目的不是将自己彻底忽略，而是分散出一部分注意力出去。另外总是盯着别人看是不礼貌的，我们需要做的是让自己的思想放在别人身上，而不是让自己的眼睛放在别人身上。想一想别人穿着的特点，他们可能有什么样的性格特征，如果与这些人打交道应该注意哪些问题。

在将自己的注意力分散到他人身上时，一定要注意把握一定的“度”，否则可能出现注意力不集中的问题。当想着把注意力收回来时，可能又陷入过度关注自己的旋涡中。所以要控制好自己的注意力分配问题，一旦发现再次出现了关注自我的情况，一定要及时地将注意力转移到他人身上，否则就会前功尽弃。

担心别人关注自己或者自我关注过强与保护自己有关系，但这种保护不是真的保护，因为所发现的危险是不存在的，那么何来“保护自己”之说。将注意力集中在自己身上，已经减少了一个人了解外部世界的机会，自我关注过度让人对社交的恐惧又上升了一个层次。为了克服社交恐惧，必须改变过度关注自我的习惯性心理。

当众脸红，是可耻的事情吗

赤面恐惧是一种常见的社交恐惧，也叫作赧颜恐惧或者脸红恐惧，是指人们对脸红的极端恐惧。每个人在公共场合或者与重要的人物对话时都可能脸红。

这是因为人在紧张的环境下，身体的交感神经比较兴奋，儿茶酚胺类物质的分泌会增加，进而会心跳加快、毛细血管扩张，因此脸红的状态就出现了。

随着人们一点点进入谈话状态，脸红就会逐渐自动消失。但如果过于在意脸红，情况就不一样了。大脑中控制情绪的区域将一直处于兴奋状态，只要让人脸红的刺激出现，包括进入陌生的环境、他人的评论等，人们就会感到紧张，脸红不但不会自行消失，反而会越来越严重，担忧脸红甚至能成为一种心理障碍。

害怕脸红的人会时时刻刻惦记着“我是不是又脸红了”，所以他们经常想办法掩饰自己的脸红，例如：出门的时候提前喝一杯酒，这样就可以认为自己的脸红是酒精作用的结果；女人可能选择用头发遮住半边脸或者戴上墨镜；为了挡住发红的脖子，有人想到了穿上高领的衣服，即使天气很热也是如此；有人在见人的时候一路小跑过去，一边说着热，一边扯衣服的领子，让人看起来他的确是因为热或者跑步才脸红的；如果在室内，选择一个灯光强或者没人注意的角落是害怕脸红的人经常做的事，他们认为这样就可以让人不发现自己脸红了；着装和仪表是脸红恐惧者非常注重的一项内容，男士喜欢选择红色的领带，使脸红在相比之下不太明显，他们还愿意留胡子，这样可以让脸红的面积小一些。

脸红恐惧的人非常敏感，很多情境都可以把他们刺激得脸红。虽然他们非常想改变这一点，但是一遇到陌生人，血液就向脸上涌。有的时候他们脸红是没有原因的，即使看到别人一个眼神或者场面沉默了一秒都可能脸红。

脸红让人不自信，经常产生贬低自己的想法。每想到脸红，就会产生自己不善言谈，自己的窘状被人看见，他人一定认为脸红的人小气、上不了台面这些子虚乌有的想法。脸红恐惧的人对自己的脸色非常关注，以至于他们无法专注于与人的交流，在说话时显得僵硬。他们总是试图控制自己的脸红症状，但越是想遏制，越是发现脸红根本不受控制，因此陷入新一轮的焦躁中。

克服脸红恐惧需要从正视脸红开始。脸红恐惧的人对自己的脸色关注过度，经常忽略交往中更为重要的问题。他们需要将脸红看作是一件正常的事情，控制自己不要想着脸红会有什么不良后果，允许脸红的存在，不要为了让人看不见而采取掩饰的措施。想要把脸遮住的时候，一定要遏制这种冲动。在与人交往的时候，注意将注意力集中在谈话的内容上，而不是特意关注自己的表现，或者关注别人怎么看自己。

能够摆脱脸红恐惧的一劳永逸的办法就是增强自信心，锻炼自己在众人面前的心理承受能力，不管哪种能够刺激脸红的情境发生，都能够面对。与他人进行比较的时候，不要过度关注自己的弱项，多做一些激励自己的心理暗示。如果在紧张的环境之下实在控制不住自己的情绪，那就多做几次深呼吸，这样可以增加大脑的供氧量，让人的思路更清晰一些。转移注意力也是一种可以尝试的方法，多看看周围的人，或者看看书，总之不要想着紧张和脸红的关系，这样做有利于摆脱焦躁的情绪。

想象和放松练习是一种比较可行的循序渐进的练习方法。首先将可能引起自己脸红的情境（按照引起脸红难易程度）按照从小到大的顺序列出来。然后从第一个情境开始想象，比如一大群人盯着我看，走也不是，留也不是，想说话但又不知道说什么，隐隐约约感到有人对我指指点点，不知道他们窃窃私语在说我什么坏话。想象的场景一定要逼真，这样才有效果。随着想象越来越真实，人的情绪就会一点点调动起来，此时就会感到焦虑和紧张，脸可能不自觉地就红起来了。

接下来便开始试着放松，进行深呼吸，当完全放松下来以后，继续想象刚才的场景，直至不安的情绪下去，脸红消失为止。当第一个令人脸红的情境被克服以后，开始进行第二个情境的练习，直至将所有引起脸红的情境都克服。

想象中的场景和现实的场景是有差别的，所以当想象中的恐惧克服以后，就要在真实的人际交往中检验练习的成果了。多参加一些群体活动，让自己与别人的眼睛对视，有意识地忽略自己的主观感受，同时控制有关脸红的想法，强迫自己将注意力集中在谈话的内容上。多去人多的场合，和那些能够让人感到心情愉快的人聊天，这样就可以减少对自己情绪的过度关注。

不要因为羞怯而将自己藏起来

在儿童和青少年时期有过羞怯心理的人达到了80%，儿童普遍有羞怯心理是因为儿童在遇到陌生人以后必然感到警觉。随着年龄的增长，儿童会逐渐摆脱羞怯心理。不过，尽管羞怯心理会随着人年龄的增长而消失，但是成年人有羞怯心理的也比较普遍。有60%的法国人认为自己仍然在有的时候感到羞怯，有40%的美国人也有类似的看法。男女羞怯的比例基本一致。羞怯的人中大约有20%属于社交恐惧的表现。

羞怯的症状包括很多身体方面的不适，例如心跳加快、脸红等；心理上有想要与人接近但又感到害怕的矛盾心理，在行为上最直接的表现就是退缩。有一名餐厅服务员曾经这样描述过她一段退缩的经历：

那天早上我从菜市场买菜回来，远远地看见餐厅经理向我走过来。餐厅经理人长得非常帅气，不过我每次看到他都不敢和他说话，尽量地躲起来。这一次也是如此。

我看到附近有一家商店，想也没想就直接进去了。但是人算不如天算，我还是没躲过去，餐厅经理已经过来和我打招呼了，还问了我一句："你怎么来这里了？"我心里有些不解。我进来的时候没仔细看这家商店是卖什么的，现在一看吓了一跳，原来是一家成人情趣用品商店。场面顿时变得非常尴尬，我只好说："走错门了。"然后迅速找到一家还算正常的商店，买了我根本不需要的东西出来了。

从那以后，餐厅经理每次看到我都暧昧地一笑，这让我更加肯定了想办法躲着他的想法。

逃避可以给人带来精神上一时的安慰，让人感觉自己已经将问题解决了，终于可以松了一口气。但根本性的问题不能通过回避的方式来解决，退缩只能让羞怯心理越来越严重，每一次退缩都加重了这种羞怯感。克服羞怯感，需要通过多种方式练习与人接触，改变想要退缩的想法和行为。

羞怯的人心中常常有一些比较矛盾的想法。这些矛盾的想法在第三者的角度看来并不一定是矛盾的，但对于感到羞怯的人来说却是非常矛盾的。要想克服羞怯感就一定要先将这些矛盾摆平。

例如，有的人非常害怕去服装店买衣服，因为他本身对服装比较挑剔，很难买到让自己称心如意的。另一方面，他认为如果只试不买，浪费服务员的时间，是一种非常不厚道的行为。如果服务员对他说一些尖酸刻薄的话，他会感觉非常难受。在这种矛盾心理作用下，他每次都要买一些不合自己心意的衣服，因为他不敢和服务员说“我不想买”。他还有一个备用方案，那就是等到服务员招呼其他客人的时候，抓紧时间溜走。

类似于这种矛盾在常人看来算不上矛盾，如果有这种想法，就应该将矛盾化解开，不让矛盾的两方面成为对立的。就买衣服这件事来说，应该将自己的想法和售货员解释清楚：“感谢你为我挑选这么多，但我觉得这些衣服不适合我，谢谢你！”一定要将“不买”和“感谢”两个意思区分清楚，而不是对人说出一种折中的、含混不清的话，例如不要说“我想想再做决定”，这会让售货员误认为你已经喜欢上了这件衣服。

在与人交往中，想象自己只是以某一种角色在表演，想象自己需要大大方方地扮演好这一种角色，抵制想要退缩的想法。心理学家詹帕多将自我划分为“真实自我”与“角色自我”两部分。

当人们扮演“角色自我”的时候，需要大方、不扭捏、果断的品质，这可以让人尽可能地克服羞怯感。有一些人可能本身是害羞、不爱讲话的人，但是当他们试图扮演某种角色时，就会立刻变得侃侃而谈、潇洒自如。将自己想象成一个善于言谈的人，暂时不要顾及害羞的事实，不要顾及“真实自我”是什么样的，练习以这种姿态与人交谈，久而久之，就会适应自己所扮演的能说会道的角色，羞怯感就可以克服了。

有的羞怯感是显性的，例如千方百计地想躲起来，不敢开口说话，这都是比较消极的表现；有的羞怯感是隐性的，既不主动退缩，也不主动出击，只有别人主动找上门来的时候才说话，否则就当自己是个隐形人，这些表现是中性的。隐性的羞怯感也需要克服。

有的人可能是那种害羞而健谈的人，与人交往中很少主动打招呼，如果有人率先发起对话，那么他们的交谈可能非常顺利，他们在交谈中精彩的表现给人留下深刻的印象。如果没有人率先发起对话，那么他就会一直等着别人挑起话题。对于这些人来说，主动开始一段聊天是一件非常艰难的事情。这种不积极的交谈态度也属于羞怯，只是没有明显地表现出来而已。

克服这种羞怯，需要发挥主动性。正如一只小鹰站在悬崖边上学习飞翔时不敢跳下一样，需要一个推力将它们推下去，小鹰就可以自己展开翅膀飞翔了。克服羞怯感也是如此，需要一个推力促使人走出第一步。但与小鹰不同的是，这种推力应该来自自己，而不是外界。如果不敢主动地谈话，就逼迫自己主动开始一段话题。在宴会上，主动向他人介绍自己；在听讲座时，主动举手提问。在与人交往中，一定要提醒自己主动结交他人，不要认为总有人过来与自己打招呼。

与人交往中使用适当的身体语言可以缓解羞怯感。“SOFTEN”语言是一种柔和的身体语言，意在暗示自己对别人表示接纳，不要退缩。其中，S 代表微笑（smile），微笑是自信的表现，能够缩短人与人之间的距离；O 代表开放（open），意为不要自我封闭，不要抱紧胳膊，要试图主动地和人交往；F 的意思是身体向前倾（Forward lean），一般而言，身体前倾表示对所谈及的话题感兴趣，愿意倾听；T 代表接触（touch），像握手这样的身体接触是友好、愿意结交的暗示；E 的意思是目光对视（Eye Contact），与人交往中的目光逃避是羞怯在身体语言上的直接表现，强迫自己与人目光对视，就减少了退缩的可能；N 是点头（nod）的意思，这是一种认可他人的表现。使用这几种语言能够有效地拉近与人的交往距离，不做一个逃避的人。

怯场，是因为你把人际关系看成敌对关系

大部分人都有怯场的经历，在有些场合，这种情绪是正常的。怯场的直接表现是不自然，当人们处在怯场状态时，心跳会加速，同时还有“不知道应该说什么”的感觉。

怯场心理在人们青春期的时候开始出现，人在青少年时期开始认识到自我，开始注重他人对自己的评价，因此会担心自己表现得不够好，在社交场合或者自己不熟悉的环境中就会表现出不自然。

成年人在一些特定场合也会有类似的表现，例如演员、面试者、运动员在上场之前都会感到怯场，但这种情绪可能随着他们一步步与所处的环境融合而减少或者消失，此时怯场激发了他们的潜能。另外，不熟悉的环境、内向的性格都可能导致人们怯场。

如果能随着人们进入交谈状态，怯场逐渐减少和消失，那么怯场并不能算是一件坏事，反而可以让人们发挥得更好。但如果怯场的情绪不能消退，反而越来越强烈，就有可能发展成社交恐惧了。

怯场的原因是对自我和他人都产生了错误的认识，例如：对自己过低的评价；将谈话双方置于敌对的位置；认为发言绝不能出错，必须尽善尽美；想要掌握整个社交局面，害怕自己出错；害怕无法应对意外情况，等等。克服怯场情绪就要从改变这些错误的想法开始。

自卑心理是导致怯场的最直接原因，自卑的人都有一种自己不如别人的认识，担心自己的能力差，在说话时害怕自己出错。如果这种担忧过重，就会超出人的心理承受能力，让人不能集中精力将自己想要说的话说出来。要想克服

自卑心理就要正视自己的缺点，不要将缺点当作与人交往的一种阻碍，不要对自己进行全盘否定。

怯场的人习惯于将人际交往看成敌对的关系，认为自己讲话的目的是说服对方，让对方无法反驳。因为他们认为对方的提问或者反驳的最终目的是让自己难堪，所以他们总是以咄咄逼人的姿态让人就范。

例如，在部门年终的总结会议上，作报告的人的怯场表现是总是顾着自己说，不让听取报告的人质疑，一定要将对方想要提问题的倾向扼杀。有的到岗不久的年轻的老师在上课的时候也会怯场，他们害怕学生提问题，认为学生总想要提出一些让他们回答不出来的问题。带着这样的心理负担与人交往，让人感觉非常不自然。

虽然现实中有一部分人以让别人出丑为乐，但这些人不能代表全部，大部分人提出问题是因为他们对某些问题不理解，想要得到更准确的答案，并没有抱着让人陷入窘迫状态的心理。在与人交谈中要允许对方提出质疑，这是对他人的尊重。如果害怕不能很好地回答他人的提问，那么在回答问题时可以顺带一句赞扬的话，例如："您问的这个问题很重要，我要将这个问题仔细解释一下……"这样做的目的是暗示自己，别人提问的原因确实是他们存在疑问，而不是为了看发言者的笑话。

做好充分的准备有利于缓解怯场心理。至少准备充分可以让人在发言中不必担心"无话可说"的问题。大致地预测一下谈话的内容、众人的反应和可能提出的问题，对这些内容做适当的准备。做足了充分的准备让人在发言时感觉压力不太大，但也不用想着为所有可能出现的问题做准备。一定要清除面面俱到的想法，允许自己有回答不出来的问题，允许自己有不知道的地方。如果真的有不知道如何作答的问题，可以用反问的方式救场。持有全部掌握谈话内容的想法，会让人感觉到压力非常大。在交际中需要对重要问题了如指掌，对于细枝末节的问题或者次要问题，不用花费大量的时间了解透彻。

要学习忽视自己的错误。即使是一个非常成功的专业人士，也很难保证他们在说话中不犯错误。有人常常担心自己在大庭广众之下说错话，或者说话时有怯场的表现。但听众并不一定注意到这一点。

当一个人以比较自信的姿态展现在众人面前时，听众对这些微小的问题并不注意。设想一下自己对他人登台的看法。只要没有出现非常明显的怯场情绪，并不太关注他是不是声音发抖、浑身不自在，只是将他当作正常人看待。只有怯场情绪表现得非常明显而且说话的内容也因此让人不满意时，听众才会注意到他的不自然。掩饰自己的怯场情绪，反而给听众抓到了把柄。

摆脱怯场的情绪需要“同理心”。首先想一下自己是以什么样的态度听他人说话的，是不是想让对方出丑，是不是对他人的错误耿耿于怀，是不是一定反对发言人的观点。在大多数时候，任何人对他人的表现都是非常宽容的，即使出现意外，也不会抓住不放。同理，他人对自己也是这样的。

要学习那些说话时临危不乱的人身上的品质，以及他们是怎样应对意外情况的。比如，有的老师在不能回答学生的问题时会想一会儿，并且坦诚地说出自己没有预料到这个问题；有的人用转移注意力的方式掩饰自己的紧张。如果这些做法比较自然，那么都是可以学习的。

不管怎样调节自己的心态，都不如积累实际经验有效。如果有当众说话的机会，一定要珍惜，多多练习几次。一项调查显示，除非被强制要求，大约有三分之一的成年人没有在公共场合发言的经历。如果没有实战经验，克服怯场情绪的效果始终是不稳定的。等着别人邀请自己说话是非常被动的，应该尝试着主动与人沟通，不要逃避任何一个可以说话的机会。

如果你草木皆兵，任何人都会像魔鬼

当一个人心存恐惧的时候，身体的感觉要比平时敏锐得多，这让人能及时地发现危险。对社交有恐惧的人也是如此，要比平常人更加擅长寻找危险的来源。不得不说，这是有积极意义的，只要不过度反应就好。

心理学家曾经测试有社交恐惧心理的人在识别各种面孔方面的能力。心理学家将不同的面孔在大屏幕上快速地播放一遍，让正常人和社交恐惧症患者识别出其中有威胁性的面孔。那些患有社交恐惧症的人在识别有敌意的面孔方面有着常人所没有的天赋，要比正常人更迅速地识别出有敌意的面孔。这个实验说明，有社交恐惧倾向的人比较敏感，要比正常人更加善于发现危险。

一个对社交持有恐惧心理的人，来到一个宴会现场首先要做的是什么呢？答案是观察各种人的脸色，将参加宴会的人分成不同的种类，有善意的，有嘲讽的，有挑衅的，等等。当他将各种人进行了分类以后，就要开始采取有针对性的对策了。找一个位置躲起来，用眼睛的余光盯紧了这些人，如果发现哪些人有恶意，就要离他们远一点，以免自己受到伤害。

对于在社交中感到恐惧的人，参加社交活动因为浪费这种脑力而变得非常疲惫。他们要做的第一件事就是寻找危险在哪里，对于他们发现的危险，社交恐惧的人有着非常矛盾的心理。一方面，这些危险给自己带来了巨大的痛苦，想要百般躲避；但另一方面，这些危险是不定时炸弹，说不定什么时候就造成实质性的伤害，所以还需要一刻都不能遗漏地盯紧着。经过一番心理斗争，最后发现，让自己远离恐惧的方法就是不再参加任何社交活动。

寻找可疑危险是有社交恐惧的人在与人交往的过程中要做的事。因为如果一个人对社交有恐惧心理，那么他的内心一定是紧张的、缺乏安全感的。这种心理状态让他在社交中总是带着猜疑的心理。因为对自己和他人都没有足够的了解，所以寻找可能给自己带来的危险是社交开始环节中的第 要务。在社交中，带有恐惧心理的人会不断思考以下问题：

这个人在笑，他为什么要笑？他是不是嘲笑我今天穿的衣服不得体？他是不是认为我在这些人中就是一个小丑？

那个人为什么用异样的眼光看着我？是不是我出了什么笑话？

我怎么感觉那个穿蓝色裙子的人那么不怀好意地看着我？我没有得罪她吧？她不会来找我的麻烦吧？

社交恐惧者在猜疑并寻找危险源的时候，就像进行一场游击战，寻找危险——消灭或者远离危险——继续寻找危险……如果社交的环境确实是一个危险多发的环境，那么这些人是有优势的。但实际情况是，社交环境没有想象中的那么危险，虽然他们善于发现危险，但却经常出错。

社交恐惧者对危险的事物有先入为主的判断，即使某种事物并不危险，但经过他们大脑的加工可能就是危险的了，而且越看越危险。在他眼中，无论怎样的场合，都危机四伏，都是草木皆兵的战场。

心理学家仍然用识别危险图像的实验研究人们对危险的选择，他们播放的图片不是人物本身具有危险性，而是播放不具有危险性的人物的各种表情的图片，有的表情是善意的，有的表情是中性的，还有的表情看起来不太友好，似乎与危险相联系。

实验的结果是，如果潜意识认为某种表情不怀好意，那么社交恐惧症患者就会认为这个人是个“危险分子”，身体上出现恐惧的征兆；但是对于那些友善的、中性的表情，社交恐惧症患者就没有这种反应。这就能解释，明明一个环境不存在任何危险，那些有社交恐惧心理的人还要四处寻找危险，因为他们的潜意识中认为危险就在身边，如果不把这种危险找出来，他们将感到非常不舒服。

寻找危险和身体不舒服是一种相互促进的恶行循环。每当身体觉得不舒服时，就暗示自己在场的人有不怀好意的，然后就要四处寻找那个有恶意的人；寻找的结果可能是符合了自己的心愿，但却是错误的，误认为某个人有恶意，那么身体的不舒服就会加剧。

社交恐惧者始终都将危险放在第一位，这种危险可能是来自某人的嘲讽、不屑，可能感觉有人在算计自己，也可能感觉某人带有恶意。社交恐惧者在没有进入社交场所的时候，就已经发自内心地认为“我就要遇到危险了”。当社交开始以后，就要验证自己的想法——寻找危险来源。因为他们对危险做了错误的、夸大的判断，所寻找到的危险也是错误的。

第十一章

勇于担当，路才会越走越宽

——直面职场恐惧

用就业克服就业恐惧

就业恐惧主要是指大学生毕业时对找工作的恐惧。这是一种轻微的心理障碍，只要调节得当，很快就能恢复常态。大学生的就业恐惧主要有三种表现。

一是逃避。基本上采用延迟就业的方针，将出国、考研作为毕业后的出路，希望能让就业的时间晚一点，多给自己一点喘息的时间。有的女生选择做全职太太，因此网络上有“毕婚族”一词。

二是紧张不安。这些学生没有推迟就业的想法，已经意识到“长痛不如短痛”的道理，但是在短痛面前并没有表现得大无畏。他们强迫自己去招聘市场，但是手里拿着简历不敢投，如果遇到不需要现场面试的可能就尝试投递了，但如果招聘主管想要聊一聊，他就退缩了。看到招聘信息后，不敢向招聘单位的工作人员询问，唯恐给人留下不好的印象。在几经犹豫之下，选择了网上投简历的方式，不过在收到面试通知的时候，又退缩了，开始考虑这个工作机会是否划算，实际上他就是想要逃避面试。

三是消极抵制。这些人排除了考研、出国的出路，但对去招聘市场一点儿也不积极，感到人生无望，因此情绪低落，以“过一天是一天”的态度生活。

就业恐惧的原因既来自环境因素，也来自求职者个人。环境因素主要包括：严峻的就业形势、不断升高的失业率、用人单位的要求越来越高、父母的期望过高、学校没有做好就业指导、社会对某些职业有偏见或者过于钟爱等。

来自求职者个人的因素才是就业恐惧的根本原因。缺乏社会经验所占的比重最大，很多学生在学校期间并没有积极参加实习，没有让自己在学校期间就融入社会中去，当就业的压力袭来的时候就会感到恐慌。

一方面他们缺乏实际的工作经验，另一方面由于在校期间将精力集中在学习上或其他原因，对各种职业的了解太少，以至于当他们需要找工作的时候，对自己想要做什么工作、适合做什么工作、对某一种工作有哪些要求还一无所知，只能凭着感觉和个人制定的没有经过深思熟虑的原则探索。

他们由于对就业的准备不充分，感到茫然和不知所措，或者虽然看起来在忙碌，但却不见效果。很多毕业生的心理状态没有调整好，他们可能对自己的认识不全面，对工作要求不确定，有的时候过于功利，有的时候对自己定位过高，所以很难找到令自己满意的工作，因此感到非常无助。实际上问题并没有出在工作职位方面，而是毕业生没有摆正自己的心态，仍然为不切实际的目标而苦苦挣扎。

有的毕业生可能因为就业恐惧而出现各种身体不适，比如胸闷气短、四肢无力、头晕乏力、食欲下降、精神不济等。就业恐惧摧毁人的意志，让人在面对就业压力的时候无所适从，时常感到焦躁不安，但又想不出一个合适的找工作的思路。

克服就业恐惧最有效的方法就是调整自己的心态。首先，要正视就业恐惧，不要认为就业恐惧之下必然会病倒，暗示自己每一个毕业生都会经历一段迷茫而无助的时期，只要能找到工作，自然就不会感到焦躁了。

其次，要调整自己的职业期望，先就业再择业。由于社会经验不足，很多学生在刚开始找工作的时候提的要求都比较高，但经过几次打击以后，就会不断降低自己的底线。长时间找不到工作后，人的意志力和耐心都被消磨了，对工作的要求要远远低于刚开始找工作的时候。

其实，在寻找第一份工作的时候，就应该做好规划，放弃那些不切实际的想法，客观地认识自己，制定合理的目标。如果因为在大学期间缺乏实践经验或者对各行业、各职位的了解过少而在找工作中受挫，那么暂时不要责怪自己大学期间没有做好准备，也不要将悔恨的想法无限扩大。目前能做的只有暂时开始一份工作，哪怕这份工作不令自己十分满意，那么也要通过这个工作机会积累工作经验。

一般来说，进入社会以后对社会的了解要比在学校期间的了解更为深刻，所以不要推迟自己认识社会的开始时间。开始的时间越晚，损失就越大。当在找工作后期感到颓废和绝望的时候，不要妄自菲薄，不要将“就业难”当作“啃老”的理由。事实上，只要人们开始做一件事情的时候，焦虑感就会降低；在人们闲下来没有工作可做的时候，不安的情绪最强烈。

作为毕业生，一定要具有很高的抗压能力。学校带给学生的压力要远比社会带给学生的压力小，如果连进入社会的第一场压力都不能承受，那么怎样承受工作中的压力？平时多进行一些体育锻炼，多读书开阔视野，对工作的认识多了，抗压能力自然就提升了。

另外，如果对前途感到无望，可以看一些成功人士的传记，因为成功者曾经面临的环境更为恶劣，但他们却能够忍受孤独、承受压力，寻找适合自己的道路，有时候励志故事是振奋精神的兴奋剂。

当就业恐惧感折磨人的精神时，就需要使用一定的方法排解了。找一个安静环境静下心来开始想象。第一个场景是花费了大量的经历但仍然没有找到满意工作的场景，每天为参加招聘会和面试而奔波，第二个场景是找到了一份工作，但这份工作却不尽如人意。

当想象这两个场景的时候，就会进入恐惧的状态，当恐惧感上升到极致的时候，它反而下降了。这个时候焦躁不安的感觉就会下降，想着暂时开始一份工作也是一种必然的选择，于是开始接受一份大体上能够令人满意的工作。

需要指出的是，如果完全没有就业恐惧感，那才是最恐怖的事情，可能因为习惯了没有工作的日子，反而对找工作就不那么热衷了，这会影响工作的积极性。所以，如果有适度的就业恐惧，这种恐惧并没有特别夸张，那就不要将它看得特别严重，因为微量的恐惧也是一种催人上进的力量。

面试是平等沟通，并不是被动受刑

面试几乎是找工作中最艰难的一步，每一位求职者都要经历面试这一环节才能开始新的职业生涯。因为面试是求职者与用人单位第一次的面对面交流，因此能否顺利通过面试，决定求职者是否可以获得一份工作，甚至还影响到求职者在这一企业以后的职业发展。所以，求职者对面试都有一定的紧张、期待、恐惧心理。如果这种恐惧和焦虑成为一种不理性的、盲目的心理感受，求职者在面试中就会发挥失常。

面试恐惧的表现非常明显，有位求职者这样描述他在面试期间的感受：

我所应聘的这个岗位竞争非常激烈，当我进入面试等候间的时候，已经有十几个人在等着了。我看到别人一副信心满满的样子，心里就开始打退堂鼓了，觉得自己今天一定是走过场来了。我看到别的求职者信心满满地进入面试办公室但无精打采地出来以后，感觉自己一定没戏了，那么多优秀的人才都被淘汰了，我这个水平一般般的人该怎么办。

轮到我面试的时候，我紧张得话都说不全，心都提到嗓子眼了，全身的血都流到脸上了，我的腿不受控制地开始发抖。至于考官问了我什么，我都没有听明白，只是凭自己的感觉乱说一气。当我看到考官不赞赏的眼光时，额头上都是细密的汗珠。接下来的回答更是语无伦次……

有了这次面试经历以后，我对找到一份好工作已经没有信心了，在以后的面试中经常出错，有的时候甚至连面试的时间都记不清……

让求职者在面试中恐惧的第一个原因是陌生的环境，当人处于自己不熟悉的环境时，很容易因为缺乏安全感而感觉到紧张、恐惧。因为周围的环境中存在着自己不能预料到的因素，所以求职者在生理和心理上感觉到不适应。可见，在面试前保持平和的心态需要提前熟悉陌生的环境。为了在面试过程中不出现恐慌的心理，可以提前到达面试地点，这样就有足够的时间平复惶恐的心理，以平和的心态开始面试。不过也不能提前太长时间到达面试地点，否则很容易在面试地点寻找到更多的让人不安的因素，让恐慌的情绪更严重。

缺乏与人交往的经验让求职者在面试中不知所措。面试经验不足甚至在公共场合说话的经验不足都会让求职者对面试产生期待和恐惧的心理。因此，积累与人交往的经验对于克服面试恐惧心理尤为重要。

为了习惯于他人的注视，应该创造在公共场合说话的机会。可以在公园里大声阅读文章，经过若干次练习以后，就能适应被人盯着看的感觉，在面对一群面试官的时候就不再害怕了。在投递简历的时候应该广撒网，对于自己期望的工作应该打起精神准备面试,如果遇到不是自己期望而又没有被录取的工作，就当作是一次练习。

每经过一次面试后都应该及时总结，从那些没有成功的面试中可以了解用人单位在招聘时的心理，而失败的经验也是认识和了解自己的材料，这些都能让求职者对自己和招聘双方有更深入的了解，有助于求职者克服面试恐惧。在面试失败以后需要将自己的各种担忧记下来，理性地分析出这些担忧都是不必要的，从而摆脱各种无关紧要的恐惧感。

求职者习惯于将面试官定位成“高高在上”“目中无人”“严肃”“苛刻”的形象。这种想法对求职者非常不利，它使求职者在面试中处于心理上的劣势地位，不敢和面试官对视，只能被动地回答问题。这种想法实际上在“丑化”考官。为了在面试中不在心理上处于被动地位,最好将考官想象得和蔼亲切一些，这样才能保持轻松的心情进行面试。

求职者在“提升”考官的形象的同时，也在贬低自我形象。潜意识里认为自己注定要失败，这种缺乏自信的表现让求职者走在不自信的道路上。为了摆脱面试中的恐惧,一定要暗示自己可以胜任这个工作岗位,多想一想自己的优点，不要纠结于自己与这个岗位不匹配的地方。

对就业形势的忧虑让很多求职者不能摆正自己和招聘单位之间的位置。这些求职者总是认为“工作不好找，有一个单位要我就不错了”，这种不平等的定位让求职者在面试中表现得非常紧张，就怕自己找不到工作。

实际上，求职者应该改变这种不正确的想法，企业在挑选人才，求职者也在挑选企业，双方都在挑选，不存在谁比谁低一等的问题。要相信自己能为企业带来利益，企业并没有自己想象的那样可望而不可即。求职者要相信在求职中自己也有选择的权利，而不是等待着被人挑选，这样才能平等与企业对话。

求职者害怕自己在面试中表现不好，可能是经常看各种面试经的缘故。面试经总结了面试中经常出现的问题，并且给出了应对方法，能让求职者学到一些经验。但是过于依赖面试经也未必能在面试中发挥好，因为看了面试经以后，可能会在面试中过于谨小慎微，反而表现得不自然，更加加剧各种担忧。所以说，为了将自己自信、自然的一面表现出来，不能将面试经视为万能宝典，更不能照搬面试经上的做法。

当面试恐惧的情绪非常严重时，可以采用“想象”的方法缓解紧张的情绪。首先，按照焦虑和痛苦的程度，将面试中感到恐惧的场景按照从小到大的顺序排列起来。

例如，回答问题磕巴→瑟瑟发抖→答错问题→考官发怒。然后开始想象恐惧程度最低的面试场景，例如想象磕巴的场景，大脑一片空白，心里知道怎样说，但就是说不好，就要茶壶里煮饺子，有嘴倒不出，用了很长时间也没有把一句话说完整等。

想象的场景越逼真越好，此时心里会感到焦虑，身体感觉不舒服。当身体或者心理感觉到不适时，就暗示自己“不要慌”“不害怕”，同时放松肌肉，并且进行深呼吸。接下来再次想象这个场景，直至紧张不安的情绪消失为止。在克服了第一个场景的恐惧感后，开始想象第二个场景，直至将所有场景的恐惧感都能克服。经过若干次训练，一些面试中的场景就不会让人感觉到紧张。

由于求职竞争越来越激烈，招聘企业选人的标准也随之越来越高。所以，企业经常使用一些比较有难度的面试招聘人才，例如：无领导小组讨论、群面、压力面试等。那些能力一般或者不够自信的人很容易在面试初选中被淘汰，因此面试恐惧感因为这些难度较大的面试而产生。要想摆脱对这些高难度面试的恐惧心理，只能用多学习多积累的方法。当自己的知识和经验非常丰富的时候，自然在面试中侃侃而谈，表现得得心应手，因此不再害怕这些有难度的面试。

面试中的自我调节有利于舒缓情绪。例如，着装正式一些、说话的声音大一些、走路时有气势一些，都让人感觉到自信。在开场时，与考官进行轻松的交谈，能够疏导紧张的情绪，让面试场景不显得过于尴尬。此外，深呼吸、体育锻炼、发泄交流等方式都能提高人们抵抗不良情绪的身体和心理素质。

不要因为失业而惊慌失措

失业恐惧是一种害怕没有工作的恐惧，一般是指害怕失去现有工作的恐惧，但有的时候也包括处于失业状态的人担心找不到工作的恐惧。因为害怕失业，有的人知道自己现在所做的工作不能令自己满意，甚至让自己感觉到不愉快，但仍然选择了坚持。

失业恐惧这种心理在工作者中普遍存在，深圳的一项调查表明，有67%的深圳人害怕失业，即使是那些工作比较稳定的人士，仍有14%的人害怕失业。失业恐惧对人的心态影响也比较大，美国的一项调查显示，在一群患有失业综合征的人中，有71%的人在找到新的工作后仍然没有完全摆脱失业带来的负面心理。

当人们的工作进行得比较顺利的时候，失业恐惧感可能没有或者非常小，因为人们感觉到失业在现阶段还不能对自己构成威胁，但当一些影响工作的重要事情发生时，人们的失业恐惧感就会涌上心头。

例如，如果单位进行一次考核或者晋升，人们就会突然感觉到有压力；当经济不景气的时候，人们会感觉企业将要裁员，失业恐惧的情绪就比较强烈；当公司面临着被兼并收购的威胁时，失业恐惧感也比较强。对于个人而言，如果目前的工作进展不顺，或者被安排了一份在自己能力之外或者不太擅长的工作时，也会因为想到失业而感到惶恐。

就业关系到人的生存问题，所以一旦人们感觉到失业距离自己并不遥远的时候，身体上和心理上就会出现各种各样的不适应，甚至做出十分不明智的事情。人的身体会因为长期处于焦虑状态而出现不健康的症状，例如睡眠障碍、胸闷气短、食欲不振等。

当人们处于担心自己将要失业的恐慌中，心里有一种大难临头的感觉，经常想着自己可能被辞退或者可能留下来的各种理由，感觉到恐慌，逃避失业的可能，意志消沉、精神疲惫是大多数人的表现。一些极端的做法是用喝酒的方式麻痹自己，甚至求佛、求神祈求保佑。对于那些在企业中占有重要地位的白领来说，失业还可能让他们对自己价值的认识变得混乱，想不清楚“我有什么用”这样的问题。

要想克服失业恐惧心理，一是要调整心态，二是要做好失业后再就业的准备。

如果发现公司有裁员的打算，那么就要思考被辞退的概率了。如果被辞退的概率没那么大，就不需要杞人忧天。如果发现自己属于极有可能被裁掉的人员，就要做好失业的准备了。在思考自己是否适合现在的工作的同时，也要想一想是不是到了换工作的时候了。

对失业的恐惧不能深藏在心里，应该告诉亲人朋友，一方面可以将压抑和不安的情绪发泄出去；另一方面亲朋好友可能有比较好的工作机会。虽然工作是维持生存的方法，但为了不处于失业工作状态而随意地开始一份新的工作，是一种对自己不负责任的行为。

不自信和悲观严重影响每个企业的职员的职业发展。有的员工对自己的评价非常低，甚至说出：“只要公司不赶我走，我就会一直留下来，即使不涨工资、不升职也没关系。我知道我什么都不会，离开了这个公司可能就没有别的公司要我了。所以我最害怕的事情就是公司辞退我，如果发生了那样的事，我就真的不知道该怎么办了。”害怕辞职或者被辞退后找不到工作也属于失业恐惧的范围。

这样的员工未必面临着失业的压力，但是如果抱着“害怕自己再也找不到工作的想法”，当失业真的来临的时候，可能就真的出现手足无措的局面。对于每一个身在职场的员工来说，对自己的能力要自信，要相信自己是有价值的，尊重自己的劳动成果。如果让“我一无是处”的想法在工作和求职中占有主要地位，显然是没有一点好处的。

应对失业恐惧时，需要多注入一些正能量。进行适量的体育运动，阅读著名人物的传记，看一些创业者的访谈等，都能让人感受到积极的、正面的思想，让人摆脱失业的压抑感，以饱满的精神状态应对各种挑战。

失业恐惧虽然在大部分时候都让人感觉到不安，让人带着负面的心情生活，但这种不安却有一种好处：督促人们努力地做好现在该做的事，这样才能避免被辞退。不论是否有失业危机逼近，都应该做好自己的本职工作，甚至多做一些其他工作提高自己的技能。“但行好事，莫问前程”既是一种工作态度，也是一种应对失业危机的想法。企业不会轻易开除平时尽忠职守的员工。如果寻找新工作已经成为一件急不可待的事情了，那么拥有了多种工作技能也是一种优势。

当失业已经成为一种必然的时候，那就一定需要坦然地接受它。不管心情如何低落或者情绪如何萎靡，都不是解决问题的方法。在坦然接受现实后就需要让积极乐观的情绪主导自己的身心，乐观的心态几乎可以应对所有的恐惧。曾经有人问唐骏：“如果这家公司不让你做总裁了，你要怎么办？”唐骏的回答是：“那就到别的公司做总裁。”虽然每个普通的员工未必有随时换个公司都能做总裁的能力，但是这种精神是所有人都可以学习的。即使失业了，那也没什么大不了的，重新找一份工作就可以了。

失业是忙碌中难得的一段空白时间，上班族每天都要过忙碌的生活，暂时不用工作的这段时间可以让我们做平时想做但却没时间做的事。例如，重新思考人生规划、和家人出游等。如果经济条件允许，利用不工作的这段时间静下心来思考一些问题，也是一件非常有意义的事。

我们为什么最怕“当众演讲”

20 世纪 80 年代，美国曾经做过一项“你最怕什么”的调查，结果非常让人意外，“演讲恐惧”超过“死亡”，排在了第一位。那个时候几乎没有从不恐惧的演讲者，只是有的人能够很好地控制自己的恐惧感。在演讲中，影响人恐惧心理的因素非常多，包括：听众的人数、观点，演讲的场合，演讲者准备得是否充分，演讲者的身体状况等。

大部分演讲恐惧感是演讲者自己心中不正确的想法造成的，比如不自信、对演讲的排斥感、强烈的完美主义倾向和控制欲等。克服演讲恐惧有两种思路：一是改变错误的认识，形成有利于演讲的心态；二是掌握必需的演讲技巧。

演讲者要掌握自己的恐惧感，把自己的恐惧感看作是一种正常的心理，不要试图消灭它。在演讲中从不感到恐惧的人，绝对没有想过听众怎样看待他，也不可能对自己所说的话负责。适度的恐惧能让即将上台的人感觉到精神活跃，让身体更富有活力。

很多演讲者都没有正确看待自己的角色和自己与听众的关系。最直接的表现就是对自己的关注过多，对观众和演讲内容的关注太少。纠结于一些不必要的问题，例如：刚才的那个字是不是发错音了？我的手有没有抖啊？我怎么感觉自己忘记了一段台词呢？我的心跳怎么这么快啊？实际上即使演讲者忘记了某段台词，或者某个字发音有误，听众也未必能发现。

演讲者之所以想这些是因为他们想给听众留下一个好印象，于是感到非常紧张，越是紧张恐惧感就越强烈，出错的机会就越多。但是如果从听众的角度考虑，思考这些“台下的人怎么看待我”这个问题就显得不是很有意义了。

带着这种思想负担进行演讲，让人感到焦虑，直接结果就是在演讲中发挥失常。演讲者要将注意力从自己身上移开，放松自己的身体和思想，从观众的角度思考问题。一般来说，演讲者要在演讲的内容上下功夫吸引听众，才能得到听众的认可和支持。当注意力集中在听众身上时，演讲者会感到自己终于从牢笼中解脱出来了，在接下来的表达中会感觉到更加流畅和自然。

演讲的对象是听众，因此抓住听众的想法才是演讲成功的根本。演讲者需要思考的问题是：听众想要听到什么内容？可能对哪些内容不认同或者不理解？听众不满演讲者的原因是什么？总之，只有从听众的角度思考问题，才能找到演讲者应该扮演的角色，因为过度关注自己而产生的恐惧感也会随之消失。

演讲者经常犯的一个错误是，将自己置于被听众“审判”的地位。这种想法让自己在心理上落了下风，在表达中就不能展现出自己信心满满的一面。正确的做法是养成上位者的心态，将自己看成是一个居高临下的人。从生活中的经验可以发现，领导者对下属训话、老师教育学生、家长教育子女时，绝对没有紧张不安的情绪，因为这些人在说话时处于上风，有一定的“优越感”。

卡耐基先生曾经用“神气的债主”形容演讲者应该有的心态，他认为：把你自己想象成一个神气的债主，台下的听众都欠你的钱，正在祈求你宽限他们几天还钱，富有的你怎么可能害怕他们！带着这样的心态上台，能够帮助演讲者放弃“受审”的心理，拾起自信心。

林肯曾经说过：“我相信，如果没有可以说的内容，不管这个人有多么丰富的经验，不管这个人多么老练，他都说不出任何内容。”这句话强调了充分准备的重要性。演讲者应该以听众的需求为依据，准备符合观众需要的演讲稿。为了以防万一，还要准备好备用的台词，以防忘记了某一段内容时可以及时补救。另外还要练习演讲的速度，保证在规定的时间内将自己要说的话说完。如果在台上能自然地将演讲稿背下来最好，如果不能做到这一点，可能还需要准备提示卡。

演讲者的恐惧感与他们消极的自我暗示有关，有的人总是想着自己可能忘记稿子，害怕在台上磕磕巴巴，害怕自己做出扭扭捏捏的动作，这些想法都会让演讲者自我否定。演讲者需要做一些积极的自我暗示，在心中默念：我不可能出错，我一定能完整地将稿子背下来，我一定可以神采奕奕地登台，观众一定对我的表现非常满意。这些话能够鼓励自己，让演讲者更加自信地面对观众。

在演讲者克服了心理障碍以后，需要掌握一定的演讲技巧才能最终战胜恐惧心理。这些演讲技巧的目的是转移演讲者的不自信，给听众一种演讲者非常自信的感觉。首先，在准备演讲词或者实际上台演说时，一定不要说出那些不自信的字句，例如：嗯、啊、然后、完了是、就是、比如等。这些词语用在日常交际中有舒缓语气的作用，但用在演讲词中就显得过于随意了，给听众以演讲者准备不足因而不自信的感觉。由于这些词语在生活中经常不自觉地使用，演讲者可能根本察觉不到是不是说出来了，所以在事先练习的时候要请朋友帮忙指出来，最好在上台前改正这些毛病。

正确地使用肢体语言会给人留下好印象。站直身体给人以自信满满的感觉；在演讲的时候，尽量使手掌向上，显得自己比较开放；不要将手插在口袋里或者抱在胸前，这样显得演讲者在自我保护，对听众采取防备的态度。在演讲中，眼神交流是非常重要的。不过对于有的人来说，盯着对方的眼睛看可能让自己更加紧张，那么可以选择看那些比较友善的面孔。如果看友善的面孔也让人感觉有压力，那就看听众的鼻尖和头顶，这和目光交流的效果差不多。

使用一些放松练习的方法能够减少演讲恐惧时出现的各种身体反应。例如，深呼吸可以让人获得充足的氧气，让声音少打战。肌肉均衡运动能减少身体晃动，让人看起来更加稳重。一般的做法有：攥紧拳头——松开拳头循环、压腿等。

在上台前多次练习可以让人提前感受演讲的氛围。最开始可以选择对着镜子、墙壁背诵演讲稿，熟练以后可以在家人、朋友、同事面前练习自然地将稿子“讲”出来，而不是生硬地背下来。进行这些练习时需要大声地将稿子说出来，而不是在心里默念，认为自己已经记下来就草草了事。

回避竞争，并不会让你更顺利

竞争最初的原因是为了争夺稀缺的资源，不过随着社会生活越来越丰富，争取社会地位、争取他人对自己的认同、实现个人的价值也成为竞争的原因。不过能够从竞争中胜出的人只是少数，这一点让很多人对竞争产生了恐惧心理。

恐惧竞争的人经受不住竞争的煎熬，很容易在竞争的一开始就退出，或者干脆不参与竞争。

王云在一个大型农贸市场占有一个卖蔬菜的摊位，在刚开始他的销量一直不错。不过后来在他的摊位附近又摆了几个摊位，这让他的客户流失了一部分。由于各个摊位的蔬菜相差不大，其他摊位经常使用送零头的方式招揽顾客。王云认为自己蔬菜的价格已经很低了，没有使用变相降价的方式竞争，这让他的生意越来越不好了。几番思索以后，王云决定退出这个农贸市场。

然而，在他退出以后，他的老顾客便想起他来了。这些顾客之所以一度冷落王云的摊位，就是想货比三家。他们最后发现自己最初的选择没有错，想要继续买王云的蔬菜时，王云的摊位已经搬走了。王云害怕自己在竞争中不能胜出，于是做了退出这个错误的决定。其实他的蔬菜深得顾客喜欢，只要他坚持一段时间，定然可以从竞争中胜出。

逃避是竞争恐惧最直接的表现，有的人直接逃避，有的人则是为逃避戴上一个冠冕堂皇的帽子。这些人有着“自我优胜”和自命清高心理，一提到竞争和比拼时，就用“我才懒得和他们比呢，真无趣”这样的话给自己找台阶下。

害怕竞争的人无法容忍他人的努力。一名销售人员说：“我一看到同事们打电话约客户时，就会感到虚弱和恐惧。大家平时相处得还不错，但一到工作上就六亲不认。我承认我就是见不得他们好，他们努力工作的表现让我感觉到自己受到了巨大的威胁。一想到我的业绩不如他们，我的心中就会一阵阵恐慌。”

恐惧竞争的原因无非有三种，一是害怕失败，看到别人从竞争中胜出，自己只有失败的下场。这样一些人在心理上无法接受，于是在竞争的最开始选择退出，或者带着惴惴不安的心情参与“角逐”。二是自卑，认为自己没有什么长处可以和别人比，也害怕比不上别人而被嘲笑。三是不懂得如何与人交流，也看不到竞争的积极作用，只能用逃避的方式自保。

不管我们喜不喜欢竞争，我们都必须要面对它。我们改变不了竞争存在的事实，只能改变自己的心理素质，让自己在面临竞争的时候能够正视并且积极参与。

逃避是人们面对恐惧时的本能反应，因为人们潜意识认为自己所恐惧的事物是有危险的，并且可能给自己带来伤害，逃避是免除伤害最直接的方法。想要摆脱竞争恐惧的心理，首先应该将主观上加给竞争的危险帽子拿掉，多去发现竞争带来的好处。一般来说，物竞天择优胜劣汰促进了自然界和人类社会的进步。如果没有竞争，就不会有新的事物出现，人们可能保持着落后的生活、生产方式。从此可见，人们的生活、学习、工作都从竞争中受益。

有的时候，竞争可能给人带来安全感，尽管这种安全感不太可靠，甚至是虚幻的，但却能让人心里感觉到充实。比如，当学生们都在准备考试时，他们处于竞争之中，并且能认识到自己在学习，这样就不会感觉到太空虚，认为自己虚度光阴的想法就不会那么强烈。当我们看到所有的人都在为了一个目标而努力的时候，就不会感到特别空虚，认为自己和大家一样在努力，会认为自己的所作所为是有价值的，此时我们都会感觉到踏实和安全。

只有恰当地评价自己和他人，才能认清彼此在竞争中的地位。有的人害怕竞争是因为对自己的评价过低，将自己划入在竞争中必然被淘汰的一方；有的人总是觉得别人将自己视为敌手，无故地提高了自己的地位。这些不切实际的想法只能让人们在竞争面前有逃跑的冲动。

那些认为他人水平高、能力强，认为他们在想办法超越自己的想法，更是没有意义的担忧，只能为自己徒增烦恼。要想清楚一个问题：人外有人，天外有天，有很多人比自己强；也有一部分人喜欢寻找一个“假想敌”，假想敌的一点异动都会让他感到寝食难安。

我们需要做的是努力做好自己的工作，用欣赏的眼光看待比自己优秀的人，用敬佩的目光看待比自己刻苦努力的人。即使这些人都是自己的对手，但他们不一定是自己的敌人。应该学会用宽广的胸襟容纳自己和他人，容纳竞争这种可以促进大家共同进步的交流方式。

在心理上接受竞争以后就需要融入竞争的氛围中了。不要害怕自己的实力不如别人，反而要将比自己强的人作为努力的目标。思考一下距离这个目标有多远，应该怎样努力达到。要敢于比较，有的友情甚至能从与人较量中产生，从而达到友情和事业的双丰收。

不过在参与竞争时一定要使用良性竞争的手段，不要进行恶行竞争，不要嫉妒比自己强的人。此外，还要处理好竞争与合作、谦让的关系，不要让自己成为一个只顾利益，不讲情义的利益至上无情无义的人。

迈出推销的第一步

推销人员需要用电话的方式或者实地走访的方式联系顾客，需要说服顾客购买自己的产品，他们经常被拒绝，以至于提到推销这个词，人们马上就能想到拒绝这个词。推销人员的任何一种工作都需要承受很大的压力，所以他们可能在推销的过程中或者推销还没有开始的时候就感到恐惧。作为一种谋生的职业，推销人员应该克服工作中产生的各种恐惧感。

一些推销员眼中的客户是非常丑陋的形象：不听推销员的一句话就放冷眼，两句话没说完就开始拒绝，甚至恶语相向，有的客户还以刁难推销员为乐趣，经常无理取闹。如果在推销之前就做出这种估计，那么就一定带着偏见推销，可以想象以这样的心态推销，一定不会取得好效果。面对任何人都不应该戴着有色眼镜，最好想一想顾客对推销人员反感的真正原因是什么。要相信顾客不会没有任何理由就拒绝推销人员甚至不给好脸色。

不敢开始是很多销售新手面对的问题。平时在家人朋友面前能够滔滔不绝地讲话，但面对顾客的时候就一句话都说不出来。有时候如果电话没有拨通，甚至还有“终于躲过去了”的想法，将没有拨通的电话也当作自己的工作业绩。

这些做法反映出一种在推销还没有开始就退缩的心态，就是在保护自己免遭拒绝。这也是一种想要开始但又不敢开始的矛盾心理。化解这种矛盾的方法需要决心和坚持，也就是下定决心开始，同时还要忍受推销最开始时感觉到的不舒适感。为了能顺利打开犹豫的局面，可以从最擅长的地方开始，这样才能有信心做好后面的事。

自卑的销售人员总是习惯于将顾客的拒绝归结于自己不被顾客喜欢，同时习惯于夸大自己身上的缺点，对自己的长处却视而不见。摆脱因自卑而产生的推销恐惧可以从两方面来做，一是认清顾客的拒绝是没有针对性的。拒绝的对象不一定是某个推销人员，拒绝很可能是顾客面对任何一种推销形式或者任何一位推销员时的本能反应，因为他们每天都面对很多商业信息，久而久之就会感觉疲劳，当推销人员上门的时候，把人打发走是第一反应。当然也有一部分顾客拒绝的原因是他们当时有其他的事情忙而无暇顾及销售人员。

二是相信自己能做好这份工作。在克服推销恐惧上，自信心要比提高销售技能更为重要。自信心让人无往不利，当面临推销恐惧的时候，多想一想自己有哪些优势适合销售工作，相信凭借自己的努力一定能够打动客户，相信自己的工作是有价值的，能够为客户带来利益。

“厚脸皮”是每一位销售人员都应该具有的性格。有的人在被拒绝以后感觉到很“没面子”。如果抱有这样的心理，那么必然走向幽怨和愤恨的极端。若是心中只想着被拒绝是一件丢脸的事，那么就难以进行第二次推销。不要让面子战胜理智。销售人员应该告诉自己：作为一名优秀的销售人员，我是不需要面子的。

在面对令自己难堪的场面时，一定不要因为自尊而退缩。放下自尊和清高，有的问题就可以迎刃而解了。练就一副厚脸皮需要不理会他人不善甚至恶意的言语，需要用锲而不舍的精神坚持推销事业。

害怕拒绝和失败是推销恐惧最直接的表现。这种不利于推销的心理需要用坚持不懈的精神和强大的心理素质来治愈。顾客可能在销售人员没说两句话时就挂了电话，也可能听到推销人员自报家门的时候就把门关上了。一次被拒绝以后，销售人员可能没有什么感觉，但是当被拒绝多次以后，就可能感觉挫败了。

如果没有强大的心理承受能力，再次敲门或者再次拨打电话都是一件不容易的事。此时就需要强大的心理承受能力来救场了。这个时候不要抱怨顾客不好相处，不要把被拒绝看得特别严重，应该坦然地接受这次拒绝，同时还要鼓足勇气，并且心平气和地开始向下一个客户推销。要相信自己能够从被拒绝中学习到经验，而且能将这条经验应用到以后的工作中去。

当再次开始新的推销工作时，试着想一想：如果这一次又被拒绝了，那将有什么后果。电话被挂断了就相当于这个电话没打，被顾客拒之门外就相当于重新站在门口。除了重新开始以外，被拒绝并没有带来其他坏处，最坏的结果不过是回到原点而已。接下来要做的就是用水滴石穿的精神拜访下一个客户，或者拨打下一个电话。

推销恐惧让人行动迟缓，甚至成为拖延症患者，总是为自己不敢付出行动找理由。第一次想要给客户打电话的时候想：“客户现在应该很忙，我还是不要打扰他了吧。”过了一个小时又想到另外一个借口：“已经到了吃饭的时间了，这个时候打电话不太礼貌，还是等一等吧！”两个小时以后，再次放下了刚刚拿起的话筒，心中想着：“现在是午休时间，客户应该不会有时间接电话的。”……

经过几次拖延，一天的时间过去了，电话始终没有打出去，每一次不能拨打电话的理由都是掩饰自己的恐惧。越是犹豫，恐惧感就越强烈。改变这种持久感到恐惧状态的方法就是立即行动。不断地暗示自己“长痛不如短痛”，趁早走出推销的第一步要比持续地生活在恐惧的阴影下好得多。

总而言之，克服推销恐惧的三大法宝是：果断、耐心、坚强。每一个开始都需要速战，立刻进入工作状态，绝不能总是处于徘徊和过度思虑的状态。不管在推销中遇到什么样的委屈，都需要用强大的内心承受，同时还持久地坚持尝试和被拒绝。

勇于担当，路才会越走越宽

电影《摩纳哥王妃》中有一句经典台词：当你明白了你肩负的责任，恐惧将无处存在。有的人在听到责任两个字以后，就会感觉发抖，甚至有逃跑的冲动。人们之所以对责任产生恐惧，是因为如果他做出了一个需要负责任的决定，如果这个决定产生了让人不满意的结果，他就要受到谴责和惩罚了。推卸责任就是一种责任恐惧。

一般来说，责任恐惧完全是由于社会因素引起的。不过先天因素也是一部分原因。杰罗姆·卡甘是美国哈佛大学研究员，他的研究成果表明，有20%的人天生对新事物和令人不安的情绪感到敏感。这说明有的人天生就不适合接触新奇的事物或者面对紧张的情绪，他们自然属于不适合承担责任的那一类了。

责任恐惧感可能改变人们思维的反应速度，但不幸的是大部分人会因为责任恐惧而反应迟钝，只有少部分人在面临责任恐惧时思维敏捷。所以，我们经常看到在需要承担责任的时候，很多人都表现得惊慌失措、手忙脚乱、健忘、拖拖拉拉。

当人们意识到自己身上责任重大时，身体的一些生理指标可能发生变化。1969年7月，当宇宙飞船进入月球轨道时，一名登月宇航员的心跳是每分钟130次；当宇宙飞船着陆时，他的心跳达到了156次。正常人的心跳是每分钟77次左右。由此可见，人们深受责任恐惧的“折磨”时，心跳加快是身体本能的反应。另外，科学研究还发现，责任恐惧可能还会引发各种心脑血管方面的不适。

对责任恐惧的人大约都有这样一种心理：将面临的问题当作麻烦，这个麻烦一旦处理不好，就给了别人斥责自己的机会。所以，为了不让自己落到被人指责的地步，最好离那些需要负责任的事情远一些。对责任有恐惧的人在工作中更愿意做一个执行者，不愿意做一个决策者或者领导者。正因为如此，他们可能失去了很多升迁、加薪的机会。因为机会是和挑战并存的，认为一件事情是祸害从而远离它，无形中也放弃了一个可能为自己带来利益的机会。

A公司与B公司有一项合作项目搁置了几个月，原因是B公司该项目的负责人是一个十分苛刻的人，对所有公司的产品总是百般挑剔，对A公司自然也不例外。然而B公司一丝不苟的精神在业内也大受好评。在行业内，只要是与B公司这位负责人打过交道的人，都对B公司的精益求精深有体会，但与B公司合作的时候也感到头皮发麻。

一次A公司的领导再次提起了这项合作，公关部的李主管听到以后，为了不让这件难缠的事落到自己身上，向领导请了几天的病假，希望能躲过去。在他休假期间，领导打电话告诉他这个项目交给了他部门的王助理。李主管想：反正责任不在我，就交给他吧。于是由王助理负责这个项目。过了几天，由于王助理缺乏经验，将这个项目彻底弄坏了。

A公司开始追究责任，李主管借病又请了几天假。领导看到李主管的态度，心中明了，他一直都在躲避这件事。从此以后，凡是重要的工作都不再交给李主管所在的小组了。

李主管的做法看似十分明智，巧妙地避开了麻烦，领导在追究责任的时候根本找不到他身上。实际上，他已经被领导划分为“不负责任”“没有大局观”的一类人了，虽然这一次的事故没有他的错，但李主管却因此失去了以后的很多次能出业绩的机会。他一时推诿的做法实在是得不偿失。

一场前所未有的台风正在袭来，由于从未想到可能会遇到过这么强烈的台风，一个工厂的防风暴措施做得不到位，直接导致一台价值300万的检测设备被大雨淋坏了。按照一般惯例，在台风爆发期间，质检部都会安排人员值班，但此次台风实在过于强烈，值班人员在尽力挽回的情况下仍然让设备损坏了。

工厂的领导认为这是质检部的责任，没有做好应急工作。质检部的成员都认为自己已经按照规章制度办事了，规章中没有提到如何应对这种级别的台风，台风过于强烈是所有人都没有想到的事，属于不可抗力因素，设备损坏与他们无关。

当质检部与公司领导僵持不下时，当天值班的孙质检员站出来说：“那天是我在值班，没有保护好设备是我的责任，不过事情既然已经发生了，现在争吵也没有什么用处了。这种设备我经常接触，我有办法将它修好，不用公司损失300万，最多花几万块钱的维修费。”质检部的人认为有一个替罪羔羊出来真好。

当领导听了孙质检员的话以后，觉得十分有道理，能在关键时刻勇于承担责任的人必然对企业有着一定的认同感，当下就决定让孙质检员维修设备，而且还告诉他：“修不好也没有关系，尽力就好。”后来孙质检员果然修好了设备，领导认为他业务能力强、有责任心、认真肯干，开始考虑给他升职加薪的问题。

孙质检员在领导发火的时候没有想着怎样保全自己，而是迎难而上，利用这次机会，处理好一件对自己不利的事情，让领导看见了自己较强的业务能力和勇于承担责任的品质。这次事故不但没有阻碍他的事业发展，反而成为他事业上的垫脚石。

从对待责任的不同态度上可以发现，摆脱责任恐惧的根源是不要将责任视为对自己的阻碍，而是想办法将它变成自己的助力。

拥有较强的责任心可以让我们面对责任时，第一反应是避免不良后果，而不是怎样让自己免于被指责的境地。无论做什么事，尽职尽责都是最低的要求。

在切尔诺贝利核电站泄露时，核电站内部有很多储备氢，如果有一处发生爆炸，那么整个核电站将要发生一波又一波的爆炸，那么爆炸和爆炸所引发的核泄漏将造成的后果，是任何人都无法想象到的。此时，原子能专家列利琴科跑进去，关掉了释放氢气的阀门，用氮气替换了氢气。他做出这个举动时，正在面临着无法想象的核辐射，他最终也因为核辐射而殉难。

在面临责任时，如果有强烈的责任心，只关注可能受到什么伤害，就可能不做胆小鬼。想象一下，如果当时在场的人都想着如何逃跑求生，想着如何逃离后来的调查甚至审判，没有人换掉氢气，而氢气在最后爆炸了，那将是什么后果。责任心让人处事果断、自信，让人战胜了恐惧。想要在责任面前不做逃兵，就一定让自己拥有责任心，否则就要一直处于畏畏缩缩的状态。

未雨绸缪，克服节后恐惧

节后恐惧实际上是一种节假日结束以后对上班的一种恐惧。一般来说，容易在节假日后期感到恐惧的都是白领人员。在国庆、春节的七天长假后，人们的恐惧感比较强。虽然在平时双休日结束后人们也对上班产生恐惧，不过由于假期比较短，人们的恐惧感很快就可以自动消失。

感到节后恐惧先后经过三个阶段的极端心理。第一个阶段是上班期间工作压力非常大，心里感到压抑；工作忙的时候根本想不到休息，希望能够得到解脱。

第二个阶段是在长假期间过于放纵，有的人将日程安排的满满的，将所有的经历都用在出去旅游，摆脱工作时的压力，虽然感觉身体很累，但是精神上却十分愉悦；有的人可能在吃喝玩乐各个方面没有节制，尤其是在春节期间，每天都是大鱼大肉，每一餐都吃得过饱，白天黑夜地打麻将是假期生活的主旋律，这些都让身体的各个器官处于超负荷运转状态，精神处于非常兴奋的状态。

第三个阶段就开始出现假期过度放纵的一系列不良后果了，身心疲惫、焦躁、失眠、胸闷、精神紧张、情绪低落。身体上的这些不适，让人对上班感到异常恐惧，有的时候甚至感觉公司的人际关系都发生了变化。有的人还用这些词描述长假后上班的感觉：大脑一片空白、人在心不在、希望假期再长一些。

节后恐惧的原因有两点，一是生物钟被打乱了，不管假期过得过于忙碌还是过于松散，人的生物钟和思维模式已经适应了这样的生活，突然进入另一种状态下必然让人感觉到不适，因而产生逃避、厌恶的心理。

二是假期生活和工作生活让人感觉反差特别大，假期休闲的生活很容易让人对上班产生了极度厌恶的情绪。有的上班族甚至感觉工作特别无趣，有换工作的想法。如果工作的意志动摇了，自然就没有工作激情了。

一项调查显示，有 48.1% 的上班族在长假后感到各种不适应。其中以上班的第一天感觉最难受。一般来说，这种不适应经过两三天到一星期的自我调节就会好转。

想要摆脱节后恐惧，从放假的第一天就要开始注意。在放假的刚开始就要注意休息与娱乐的时间，不要过度地偏向一方，最好保持和平时相近的生活规律。如果想要睡懒觉，比平时多睡一两个小时即可，不能太多；如果想进行一些娱乐活动，最好不要不分白天黑夜；如果要出去旅游，不要将假期全部排满，最好在上班前的一两天回来，提前休息一下。

在临近上班的一两天内就要开始适应上班的生活节奏，调整为上班时应该有的心态。进行一些不太剧烈的休闲活动，如做家务、听音乐，保持比较规律的作息时间，让人的身体、心理习惯向平时的生活习惯靠拢。在假期最后的一两天内，要提醒自己注意角色的转变，从比较随意的休闲者转变成一个工作严谨的上班族，最好做出节后的工作规划，明确了工作方向以后，才能激起工作的斗志。

如果有时间，需要回忆假日开始前的工作进展，大体想一想假期结束后该如何开始工作。在休息的时候，思考工作中遗留的问题，或者看几本与工作内容相关的书籍等。在饮食上需要清淡些，多吃含有蛋白质和维生素的食物。如果假期娱乐过度，还需要适当地补充睡眠。

这些做法是在告诉自己，“心理假期”已经结束了，“身体假期”也快要结束了，身心都到了需要工作的时候了。总之，假期结束的最后两天内，一定要告诉自己：这个假期已经休息得足够了，我要开始新的工作了。

在上班的第一天需要逐步调整心态，适应工作生活。按照假期想好的大体规划，一步步地开始工作，以免进入手忙脚乱的状态。一般来说，工作的第一天不要做一些刺激大脑中枢神经、引起情绪高度兴奋的工作。因为假期过度的娱乐已经让人的大脑过于兴奋了，如果此时仍然做让大脑兴奋的工作，人就会感觉精神不足，甚至失眠。

上班的第一天最好做一些简单的工作，平缓地经过一个缓冲器。当适应了工作的节奏以后，再循序渐进地做一些复杂的工作。此外，还要给自己一些积极的心理暗示，让自己的心情放松下来。

运动对于清除节后恐惧非常重要。适当的体育锻炼让人感觉不那么疲惫，能够以饱满的精神状态开始工作。一般人在假期吃得比较多，在工作后反而有食欲不振的反应。适量的体育锻炼能促进消化，从而能增加人的食欲。

如果没有时间锻炼，可以做一些能在办公室进行的活动，例如呼吸练习。缓缓地用鼻子吸气，挺胸收腹，当肺部充满了空气时，再慢慢地呼气。每次吸气——呼气的时间在七至九秒钟，每天可以练习八分钟。另外还可以使用伸腿、伸懒腰等身体活动方式。

节后恐惧的原因是突然进入工作状态后，人的身体、心理感到各种不适应。身体的不适应可以通过饮食、运动的方式调节。心理的不适应主要靠积极的自我暗示调节，辅助的调节方法是做一些让自己感觉应该进入工作状态的活动，做这些活动的目的只是提醒自己应该工作了，所以在假期即将结束和工作即将开始的时候，只是做简单的工作，没必要强迫自己立即进入忙碌的工作状态中。

折磨人多年的考试恐惧

每个人从小到大都要经历各种考试，考试成绩必然受到考试心态的影响。考试恐惧是一种对考试的抗拒心理。考试恐惧不只存在于学生中，已经参加工作的人可能也对考试有抵触情绪。这可能是因为学生时代考试带来的创伤太大，一直延续到成年。

经常有人在考试期间出现紧张、焦虑、失眠、食欲不振等症状，这些负面情绪让人感觉非常痛苦。考试恐惧直接导致人记忆力减退，让人在考试中发挥失常，不能取得应有的成绩。美国医生的研究发现，人的神经系统、心血管系统、免疫系统等都会因为考试恐惧而被触动。

在考试恐惧的作用下，人的身体反应有可能是截然不同的。一般人的反应可能是心跳加快、血压升高，这种反应属于那些对考试态度比较正常或者寄予希望的人。有的人虽然恐惧考试，但对考试的态度是消极抵制的，只是希望这种苦难早点结束，身体反应则是心跳放慢、血压降低、肌肉不像平时那样紧张。

引起人考试恐惧的因素有很多种，个人内部的因素有个人期望、曾经的成绩、原有的知识水平、身体状况等。

这些内部因素以个人期望的影响最大，比如将一场考试的影响想得特别重要，重视考试的大学生可能将考试成绩与奖学金的关系看得特别重，所以他在考试中压力非常大。一些职业对职业资格证有严格的要求，参加考试的人也会寄予非常重的希望，生怕自己拿不到资格证就无法上岗。有一些考试可能对人本身的影响并不大，对大部分人来说可能根本不能让人产生恐惧心理，例如普通话考试的成绩高低对人没什么影响，但还是有人特别重视，生怕自己考不好，这可能因为他将考试的成绩与自己的能力联系起来，认为自己就应该获得很高的成绩。

让人对考试产生恐惧的外部因素包括：考试本身的重要性、其他考生的恐惧程度、他人的期望等。一些考试可能对人的影响非常大，人们产生的恐惧感可能要强烈一些。例如，有的企业在内部选拔人才的时候有考试这一项内容，如果这个企业升迁的机会比较少，员工难得遇到一次升职的机会，则可能感到紧张。

但考试只是占了考评的很小比例，更注重过去的业绩，那这种恐惧感可能就不会那么强烈。有的考试因为太受重视而且又非常重要，人们的恐惧感就会强烈一些，例如高考可以称得上是人一生最重要的考试了，最受考生、家长、社会重视，对高考产生恐惧的人已经不仅仅是参加考试的学生了。

从根本上来说，考试恐惧的根源是个人对考试的期望。因此调整好心态是克服考试恐惧的最重要的方法。虽然有一些考试对人的影响非常大，这一点毋庸置疑，虽然我们不能强迫自己想象其实这个考试不重要，但可以强化这样一种理念：我一定能考好。尽量让自己不要去反复思考考试的功利性结果，只是将考试当作检查学业水平的一种手段，认为自己已经尽力了，即使考不好，也没有遗憾了。

在重新认识自己对考试的期待的同时，也要重新认识他人对考试的评价。不要想一些无关紧要的因素，例如：如果考不好，×× 会嘲笑我，×× 会伤心，×× 会感到奇怪等。

对曾经失败的考试需要重新认识。曾经历多年英语考试失败的人，可能认为自己和这个学科无缘，根本无法胜任这种考试。这种认识的危害非常大，注定让人在考试还没有开始的时候就考砸了。我们需要从失败的考试中总结经验教训，这样做的目的是找到学习方法，而不是得出一个让自己丧失信心的结论。

临时抱佛脚不是应对考试的好方法，反而让人认识到自己的知识不牢固，从而感觉到更加焦虑。减轻考试恐惧的方法是注意平时的积累，松弛有度，劳逸结合，这样才能在考试前处于最佳状态。

克服考试恐惧可以使用一些情绪调节的技巧，停止进行消极的自我暗示。首先将自己对考试的担忧列成一个清单，清单上的内容都是消极的想法。然后逐一攻克这些消极的想法，让自己认识到这些担忧都是不必要的、对考试有害无利的。

接下来进行积极的自我暗示。例如，有一种消极的自我暗示是：我从来都没有在考试时间内答完试题，明天的考试也是如此。如果有这种想法就要告诉自己：过去没有答完试题不一定代表明天不能，我已经做了充分的准备，明天的考试一定可以答完……持续地进行这样的自我暗示，目的是清楚不利于考试发挥的想法，逐步建立起对考试的自信。

放松练习适合那些比较严重的考试恐惧。放松练习的过程是：放松——紧张——放松——紧张……首先让自己的全身放松，然后开始想象各种有关考试的情景，例如：遇到了一道比较难的题目，想不起来怎样做，急得浑身出汗……考试就要结束了，还是没有做出来，可能因为这道题而不能通过考试。当想象的情景越来越逼真、具体时，身体会出现各种反应，肌肉开始紧张，这时候开始进行放松练习。在放松过后，继续想象，让肌肉重新紧张起来……如此往复练习，直至肌肉能够完全放松为止。

此外，如果有条件，可以提前一天去考场走一走，熟悉一下考试的环境，这样在第二天的考试中就不会感觉特别陌生。掌握一定的应试技巧也可以缓解考试恐惧。例如，提前准备好考试文具；注意答题的顺序；遇到不会的题目想一想平时复习和做作业时使用的方法，实在不会则答下一题；暂时转移注意力等。

第十二章

有了爱就不会害怕

——不必对婚姻畏首畏尾

异性跟你并无不同

异性恐惧属于一种人际交往障碍，很多青春期的少男少女都会对异性感到恐惧，如果有老师和家长恰当的教育，等到他们年龄大一些的时候，就不会再对异性感到恐惧了。如果成年人对异性感到恐惧，那么他的生活就会受到很大的影响了。

异性恐惧的人在潜意识中有与异性交往的欲望，但他们在与异性交往的时候，却经常表现得紧张不安，说话吞吞吐吐，不敢与人目光对视，动作拘束，不敢表现自己，担心自己给别人留下不好的印象。严重的时候还可能出现流汗、面红耳赤等现象。

在与异性在一起的时候，心中有各种不实际的想法，担心对方是不是对自己有企图、是不是喜欢或者讨厌自己的着装打扮。当异性站在身边时不能集中精力，总想着对方到底有什么目的。如果有异性盯着他们看，他们会感觉到不安全、不自在。

异性恐惧的人因为在与异性交往时经常感到不舒服，所以他们有时候干脆远离异性，用逃避的方式治疗自己与异性交往的不舒适，甚至连恋爱和婚姻也十分排斥。

对异性的错误理解是造成异性恐惧的最主要原因。异性恐惧者将异性放在了与众不同的位置，因此在与异性交往的时候总是不由自主地胡思乱想。有的时候女性认为男生对自己有企图，这就是一种误解。她们将男性看自己的眼神误解为男性有追求她们的意思，不过男性根本没有这种想法，这种心理与“被害妄想症”相似，敏感多疑而又怕遭人暗算。

有些对异性恐惧的人认为异性非常在意自己留给他们的印象，所以在与人交往中非常注意自己的穿着、言谈举止是不是得体。因为在每次交往中都过分注意这些，所以很难轻松自然地与异性交谈，长此以往就会习惯性地在异性面前表现得非常拘束。

学校和家庭的教育也可能让人们对异性产生抵触的情绪。在学校排座位或者进行分组时，有的老师有意识地将同一性别的学生分成一组，这让学生们对异性的了解比较少。一般家长都会告诉子女“学习最重要,不要和异性走得太近”,这种告诫主要是家长对女生提出来的，这些做法可能让人们从青少年时期就对异性有一定的排斥心理。

有些成年人可能在感情上受到过伤害，因此产生了“厌屋及乌”的心理，对一个异性的不满扩大到对所有异性的抗拒。此外，与异性交往经验不足、担心自尊心受到伤害等想法都可能导致一个人对异性有恐惧心理。

克服对异性的恐惧应该从改变对自己和异性的看法开始。对于重新认识自己方面，要检查是不是有自卑和自负心理，自负和自卑心理都不利于人际交往。学会正确评价自己，不要否定、苛求自己，凡事不要过于追求完美，不要回忆过去与异性交往中不愉快的经历，以平和的心态开始现在的人际交往。要暗示自己，从前与异性交往中受到的挫折是个别现象，不能因此抗拒所有的异性，断绝与异性的交往。

对两性交往的方式需要重新认识。古人经常讲“男女七岁不同席”，对男女交往向来有严格限制。虽然现在没有这样的限制，但这种思想或多或少地还有些影响，使一些人将异性看作是洪水猛兽。如果潜意识中有类似的想法，就需要让自己相信两性之间可以正常地交往，而且相信两性之间存在真正的友谊。不断提醒自己以前的想法是不对的，不要担心异性心怀不轨，或者担心自己的形象和言谈会让异性笑话。

在改变了对异性交往的认识以后，需要逐步练习如何和异性朋友交往，从而达到能自然地与异性交往的目的。先试着与自己亲人中的异性接触，很快就能克服与亲人中异性交往的恐惧感。然后试图与陌生人中比较年长的异性接触，例如公园中锻炼身体的老人，老年人比较亲切，而且在与老年人交往中不需要过多考虑性别的问题，所以与异性老年人交往的焦虑感会很快就消失。接下来选择同龄人比较熟悉的异性交往，然后是关系一般的异性，直至异性陌生人或者有好感的异性。

这样从难度最低的异性交往逐渐升级到难度最高的异性交往，异性恐惧就可以逐渐克服。对于与某个异性的交往，也可以由易到难的方式进行。例如，先让自己看对方的衣服，然后看脸，接下来试着主动与对方打招呼，在有他人在场的情况下主动与对方说话，直至与一名异性独处的时候主动讲话。这种由简到难的练习在操作上比较容易，而且不会让人感觉一时难以适应。

如果有可能，多参加一些集体活动，并且在这些活动中承担一些组织工作，这样才有机会与同性和异性交往，学习到与不同性别的人交往的技巧。一味地逃避与异性接触只能让自己对异性更加恐惧。只有交往的经验多了，才能发现与异性交往也没有那么恐怖，才能让自己表现得自然、大方。如果感觉与异性交往总是考虑他和自己性别不同的问题，就在交谈开始以前暗示自己，对方和自己性别一样，提示自己按照与正常人交往的方式交流即可。

总而言之，越是害怕与异性接触，就应该多与异性接触，改变过去不正确的想法，并且在与他人的交往中学会怎样坦然地面对异性。异性本身没有多可怕，只是人们在心里将异性放在一个与众不同的位置上了，如果能改变这种认识，异性恐惧自然就被克服了。

恋爱不需谨小慎微

恋爱本来是一件美好而甜蜜的事情，但由于各种原因，一些人感受不到恋爱的快乐，甚至恐惧恋爱。恋爱恐惧可能出现在恋爱之前，也可能出现在正在热恋的人身上。这种心理可以让人的情感生活、工作和学习都感到不幸福。

有过不幸的恋爱婚姻经历的人很有可能对恋爱产生排斥的心理，他们习惯于将自己失败的恋爱经验应用到以后的生活中。虽然他们恋爱的理论经验比较丰富，但取得的实际效果却未必令人满意。不信任是常有的心态，以至于与一次次可能幸福的感情无缘。

有的人即使没有在感情上受到伤害，仍然对恋爱有恐惧心理。这可能是因为他们天生多疑、缺乏安全感。他们对自己的另一半没有信心，在恋爱中经常发现恋人达不到自己的标准，一看到恋人不符合自己的预期就感到无法忍受，对两个人的未来没有信心，感觉两个人根本不能走下去。

恋爱恐惧还与不自信有关，有的人认为自身条件不好，当有条件不错的异性表白时，总是认为不可思议，犹豫之后便拒绝了。他们认为即使两个人进入恋爱状态，但随着时间的推移，两人之间会有很多矛盾，还不如不要开始。

外界因素也是让人恋爱恐惧的原因之一。尤其是在网络发达的时代，人们接触到的信息更多，其中也包括人们对恋爱的负面想法。影视剧、贴吧、论坛上谈到恋爱令人不满意的内容很容易让人产生心理阴影。听到亲人朋友中有恋爱或者婚姻不幸的诉说以后，对恋爱的态度也会受到影响。

现代人对单身贵族生活的崇尚体现了人们的一种恋爱观：爱情不一定是生活必需品。有的单身贵族认为一个人的生活自由，两个人的生活麻烦，爱情会让人变笨，人们会因为恋爱而受到伤害，爱情会让人失去独立性，承担婚姻和爱情的责任影响个人生活。这些想法都是认为单身生活好，没有看到生活因为恋爱而丰富多彩的一面，只看到了恋爱对生活的负面影响，自然对爱情拒之千里。

恋爱恐惧有两大特征。第一是抗拒，抗拒的表现有：害怕深陷感情中不能自拔、害怕爱错了人、害怕自己付出太多、害怕被拒绝、害怕对方不在乎自己、害怕被抛弃等。这些想法大部分是进入恋爱状态以前的想法，因为持有这些想法，所以对恋爱始终是抗拒态度，坚决不谈恋爱。

二是多疑，这是恋爱中的男女经常有的想法。有的时候看到恋人有些反应不正常，就开始疑神疑鬼，怀疑对方是不是不喜欢自己了，甚至开始检查手机通话记录、QQ 聊天记录，只要恋人有单独活动，就抓住不放，紧紧逼问对方去哪儿了、见了什么人、做了哪些事情。由于长期处于不信任状态，让谈恋爱成为一场游击战。因为不能在恋爱中感受到美好，以至于对恋爱产生恐惧心理。

恋爱恐惧的原因可以总结为一点——对恋爱抱有负面的想法。改变这种心理需要用正面的想法代替旧有的负面想法。

如果有恋爱中受到伤害的经历，那就需要尽快从创伤中走出来。不要认为一次失败的感情经历就再也不会有幸福。我们需要做的是着眼于未来的美好生活，而不是放大过去的痛苦。从过去的挫折中收获经验，但不能无条件地将这些经验套用到以后的生活中。

不管是有恋爱经历的，还是没有恋爱经历的，都可以看一看比较著名的言情小说或者爱情方面的电视剧。当然不是随意找到一部电视剧或者一本小说就看，而是看那些比较经典的，有激励作用的或者正面的作品。这样做的目的是感受文字营造出来的浪漫场景，感受故事中男女主人公为爱情的付出。即使故事有一些悲凉或者不是欢喜的大结局也没有关系，重点是感受真实的、纯粹的、贴近生活的情感。

有过恋爱经历的人可以回忆曾经美好而欢乐的日子，没有恋爱经历的人可以试图想象恋爱中甜蜜浪漫的场景。不管这些场景是昙花一现也好，是空想也好，只要达到一个目的就好，那就是让自己相信恋爱可以让自己感受到快乐。

对于恋爱中的人，要想摆脱恋爱恐惧，必须放弃对付出与收获精打细算的做法。不管感情有多么深厚，只要经过斤斤计较就会变淡。要容纳对方的缺点，不要计较得失，多为自己和对方付出，不要惦记着自己能从中有什么收获。

恐惧恋爱的单身贵族需要勇敢地迈出恋爱的第一步。部分单身贵族属于高学历、高收入、高要求的“三高”人员，因为自身比较优秀，能够独立生活，因此将爱情放在可有可无的位置上。

持有类似想法的人需要告诉自己“将单身保持一辈子是不现实的”。如果没有一个满意的恋爱对象，可以试着在周围的人中挑出一个最优秀的而又对自己有好感的异性，多想想对方的优点，暗示自己不要害怕恋爱，想象自己能够与对方交往。如果打破了压抑自我的状态，开始一段恋情，则需要顺着自己的心意交往，多想一想恋爱的好处，让自己彻底放弃对恋爱的负面认识。

婚姻是怎样将人击退的

有一项调查显示，在结婚以前有 90% 的人都会感觉到恐惧，尤其是在婚礼前的一个月内，这种恐惧感更为强烈。为什么有这么多的人对结婚产生了恐惧心理呢？主要是因为在角色转变、生活方式转变等方面的问题不能得到恰当的处理，无法适应新的生活。

结婚是一件高兴的事，但一些即将结婚的男女却突然感到恐惧，在婚姻还没有开始的时候就感觉到有压力。有的人感到焦躁不安，甚至有逃跑的举动；有的人认为结婚就像进入了监狱，所以一再推迟婚期，希望给自己争取最后一点单身的时间。有的准新人们一方面渴望婚姻，希望过着比较稳定的生活，但也担心进入了这个围城就真的出不来了，所以就有了晚一点进去的想法。

女性在婚前属于家中被照顾的人，但在结婚以后可能要承担起照顾他人的责任，担心自己在新的家庭中需要学习很多事情，也害怕新的家庭成员对自己不满意。有的女性在结婚以前不一定做家务，洗衣服、做饭都是由自己父母做的，但在结婚以后这些家务大部分都需要自己承担。结婚以后，女方要到男方家生活，这意味着要和男方的家人处好关系，有的女性便开始担心“婆婆难伺候、不可理喻”“丈夫不站在自己这一边”。处理家庭成员之间的关系让女性很伤脑筋，认为婚姻可能给自己带来不幸。

向往自由自在的生活是很多男士的想法。在结婚以前，男性的生活可以说是完全随着自己的意愿的，想去哪里都可以，想几点回家就几点回家。父母只会多嘱咐几句，但不会多加干涉。在结婚以后，男士可能要将自己的行踪汇报给妻子，这让他们感觉被束缚住了，没有自由了。每次想与朋友们痛痛快快地玩一场时，总是要考虑家中有人等着自己，不能尽兴。

很多人在结婚以前都是家庭中的中心人物，因为其他家庭成员都按照他们的意思行事，所以他们过着自在的生活。但在结婚以后就可能要做出让步，向自己的另一半“委曲求全”了，这一点让很多人难以接受，因此对婚姻产生了排斥心理。类似的想法在女性身上也有，只不过女性对稳定的生活更为渴望，所以表现得没有男性那样明显而已。

女性对怀孕生孩子的担忧是她们婚姻恐惧非常重要的原因。她们担心以后很容易变老，怀孕的时候体形臃肿，生孩子特别痛苦。一方面来说，这种想法有一定的道理，因为女性为婚姻付出的成本比较大，是不可收回的；另一方面，这种想法的本质是不愿意承担家庭义务，很明显是对婚姻没有做好充分准备的表现。

在结婚以前，一些人的生活是“一个人吃饱，全家不饿”。但在结婚以后，经济压力就非常大了。最主要的开支是房子、车子，另外生育、子女上学的费用有越来越高的趋势。比如，担心国产的奶粉质量有问题，但购买进口的奶粉又太贵，小孩上幼儿园每个月的费用就要几千元等。

由于独生子女政策的影响，一对夫妻至少要孝敬四位老人，多则孝敬十二位老人。如果有老人生病，则要花费一笔很大的钱，还可能需要请假照顾老人，让人感觉非常疲惫等。对于很多男士来说，他们不一定是不想负责任，而是担心自己承担的责任更大了，感觉一下子就被压倒了。女士认为将来自己要过着精打细算的日子，自己也要承受很大的压力，也不能再享受结婚以前浪漫的生活了。

人们对婚姻有恐惧心理，基本上是因为还不能接受婚姻的状态，担心结婚以后将要面临诸多问题。这些琐碎的问题很有可能让人在婚后的感情变淡。很多人过于相信“婚姻是爱情的坟墓”，因此感觉到紧张不安。在结婚以前，男女双方经济上的压力比较小，结婚以后就要过着“柴米油盐酱醋茶”的生活，这让人感觉从一个基本没有忧虑的世界进入了一个非常世俗的现实世界，各种生活上的琐事让男女双方都感觉到曾经浓烈的感情变淡了，甚至消失了，葬送在婚姻这座坟墓中了。有这种想法的男女自然对婚姻的期望就不那么高了。

对婚姻的恐惧还会因为听到了过多的负面信息而变得更加严重。如今的传媒业非常发达，人们可以获得更多的信息。媒体报道的诸多婚姻中的问题让有的人对婚姻感到恐惧和失望。有的网站用“婆媳大战”这种词语描述结婚后可能面临的家庭成员之间的关系；有的房产广告商的广告词是“你能搞定丈母娘就不用买房子”，这句话直接揭露了结婚后可能要面临经济问题，也在某种程度上让男士对未来岳母没有好感。总之，一些即将结婚的男女本身就担忧婚后两人感情变淡，加上媒体的助推，这种担忧更加强烈，恐惧婚姻便成为他们的一种心理状态。

此外，还有一些不太正常的婚姻恐惧，例如认为自己的爱人比不上别的男人或女人优秀，认为结婚的对象并非真心所爱的人，感觉爱人在结婚以后会大变样，害怕爱人在结婚以后会出轨等。这些想法可能是在恋爱阶段遗留的问题，也可能是对婚姻根本就没有做好准备的表现，因为对自己和爱人都没有信心，所以有的担忧显得特别严重。

有了爱就不会害怕婚姻

婚姻恐惧的表现有很多种，有的人保持沉默，不愿意与人说话，将担忧放在自己心里；有的人选择逃跑；有的人将自己的情绪宣泄出来，经常发脾气。不管婚姻恐惧有什么表现，当这种恐惧足够强烈时，生活和工作都会被这个具有强大破坏力的炸弹破坏。婚姻是幸福的事，如果在即将结婚或者结婚初期，感觉到不适应，一定要进行自我调节，和恋人进行有效的沟通，消除不必要的担忧，让婚姻在最开始就是幸福而甜蜜的。

给自己贴上“婚姻恐惧症”的标签或者想象婚姻中各种令人害怕的事情会让人变得缺乏信心。对于新人们来说，结婚是一件兴奋的事，在心底都有强烈的渴望，自我暗示那些不好的事情只能让这种兴奋被浇了一盆冷水。总是想象结婚面临的诸多压力会让人感到恐慌，如果特别关注这种恐慌，焦虑的情绪则始终不能排解出去。他人口中的婚姻经营经验和“七年之痒”的说法会让人对婚姻更加没有自信，所以尽量别被那些宣传婚姻给人带来不幸的负面信息误导。

有的人在结婚一开始就对以后的生活想象得过于完美，对自己和爱人提出了很高的要求，但是这种高要求可能会给人带来压力。每个人的能力是有限的，高要求未必适合每个人。

人们一旦进入婚姻状态，角色就会发生很多变化。女性在结婚以前可能表现得温柔体贴，男性在结婚以前对女性千依百顺、百般讨好。但在结婚以后，双方的“本来面目”可能就露出来了，男性认为成家的任务已经完成，接下来应该立业了，对女方可能就不那么在意；女方在恋爱时为了维护自己的形象，可能总是一副好脾气的样子，在结婚以后坏脾气就暴露出来了。这样男女双方都会感觉自己被骗了，曾经的恋人并没有自己想象中的那么美好。这时候就需要调整对另一半的期望，最好不要提出太高的要求，要理解恋爱和婚姻之间的差距，不要将二者混为一谈。

无论战胜哪一种恐惧，信心和安全感都扮演着重要的角色。拥有自信心，会让人感觉更加幸福。较强烈的安全感意味着有归属感。对两个人婚后的生活存在担忧，害怕七年之痒、害怕出轨和婚外情、害怕离婚，这些都反映出不自信和缺乏安全感的心理。要对自己和伴侣都有信心，相信两人的生活只会更好，相信两个人可以面对生活中的挫折，相信伴侣可以给自己足够的安全感。

较强的责任心让人主动承担家庭责任，适应角色转变。结婚意味着组建新的家庭，需要对对方和对方的父母以及将来两人的子女承担家庭责任。男性担心结婚以后不自由，女性担心结婚以后成为家庭主妇，进而变成黄脸婆，因此而恐惧结婚，这些想法都没有考虑到家庭责任的问题。

结婚以后，男性要承担起经济方面的责任，女性要承担起照顾老人、孩子和做家务等方面的责任。如果男性仍然像结婚以前那样追求自由，那么女方和女方的家长一定不满意，认为男性没有担当；如果女性结婚后仍然追求清闲，那么男方家长就认为女性不体谅丈夫，只顾着自己享乐。

这两种做法体现出二人在婚姻中没有责任感、没有付出，两个人都没有责任感就会产生隔阂，因此两个人都不会感到幸福。所以，在即将结婚的时候，男女双方都要考虑到自己的责任，在结婚后的一段时间内要努力试着承担属于自己的责任。当心中记挂这一份责任的时候，就不会感觉自己受到的拘束都是值得的。高度的责任感可以让人摆脱无端的恐惧，让两人努力创造幸福的家庭生活。

交流可以让两个人打破心理障碍。因为婚姻不只是两个人的结合，还是两个家庭的结合，所以交流包括即将结婚的男女双方的交流和两个家庭的交流。如果女方担心与未来的婆婆矛盾重重，可以在结婚以前多去对方家看看，了解对方家庭成员之间的相处模式、生活方式、行为习惯、思维方式。结婚以后矛盾和摩擦是不可避免的，但只要有足够的沟通，就不会酝酿成大问题。

结婚以前多与对方家庭交流，能够让自己更好地认识以后将要面临的生活，让自己做好充分的心理准备，提前适应以后的生活。如果结婚以前的交流比较充分，那么在结婚之后就不会在面临新的家庭成员时感到特别紧张，也可以尽可能地避免不必要的误会和矛盾，减少家庭中的争端。

夫妻之间的沟通和协调要比家庭之间的沟通和协调更为重要。因为一旦发生了令人不愉快的事情，自己的伴侣的理解是最有力的支持。如果对婚姻有恐惧心理，则需要与伴侣多多沟通，说出自己的疑虑，不要让对方误解为自己的情感已经耗尽了，所以不想结婚。同时，通过沟通也可以知道对方对自己的感情，不陷入胡思乱想的境地。通过沟通，双方才不会怀疑和否定对方的感情，打消不必要的疑虑。

婚姻恐惧可能持续到结婚初期。每个人都知道结婚以后将要面临无数的家庭琐事，但却没有注意到与伴侣的沟通能让自己在处理这些琐事时更有信心。如果对两个人之间的事情存在疑问，一定要和对方进行敞开心扉的沟通，对方的理解和包容能让自己感到受尊重，感受到安全感。

摆脱婚姻恐惧的方法就是解决那些不合理的忧虑，既可以通过改变个人认知的方法解决，也可以通过一些让自己能产生信心的行为解决。不管怎样，都应该保持坦诚和开放的态度，不要将恐惧埋在心里，这相当于为婚姻生活埋下了隐患。此外，合理安排饮食、加强体育锻炼、听舒缓的音乐都能缓解人的焦虑感。

第十三章

孤独是一种高贵的境界

——恐惧孤独，不如享受孤独

“归属感”与自我意识

孤独最早的含义是王者和独一无二。现在孤独逐渐成了一种无助、寂寞、没有依靠的心理状态。孤独者的心中有无奈、彷徨、挣扎，承受着巨大的折磨。每个人心中都能感到孤独，总是想要知道孤独感从哪里来，想要克服孤独感。

人的天性就是害怕孤独的。在亿万年以前，人类还属于动物的时候，人类就是害怕孤独的。人是一种社会性的群居动物，必然渴望与自己的同类生活在一起。即使是现在，喜欢独居的动物即使成为流浪者，它们也能生存下去，流浪的群居动物却不一定。对于喜欢群居的动物，即使自然环境再好，它们也不愿意单独生活。即使在群体里被欺负，它们也不想离开群体。群体生活给了人归属感，当人们失去这种归属感的时候，就会感到孤独。

心理学家阿希针对人寻求归属感的心理做了一项实验。他请来一人判断线段的长短。阿希给这名参加实验的志愿者先后看两幅图。在第一幅图中，只有一条线段，在第二幅图中有三条线段，其中有一条和第一幅图中的线段一样长，另外两条线段一长一短。有五名卧底和这名志愿者共同参加实验。看过图以后，这六人用抽签的方式决定回答的顺序。但不管怎样抽签，需要真正参加实验的人总是抽到 6 号，其他五名卧底内部调换回答的顺序。

在最初的几轮回答中，五名卧底都做出正确的回答。6号也做出了正确的回答。过了几轮以后，五名卧底开始“睁着眼睛说瞎话”，一致认为比较长的那一条和第一幅图中线段一样长。志愿者经过几番犹豫后，决定人云亦云，也认为比较长的那一条线段和第一图中的一样长。

从志愿者犹豫的行为中可以发现，实际上他知道前五个人都说错了，他对自己的判断还是比较相信的。但如果他做出了不合群的回答，他会感觉到他受到了排斥，被群体抛弃了，如果这样，孤独和焦虑的情绪将一直伴随着他。为了屈从于自己的归属感，他认为回答错误也是可以接受的。

人的归属感是那样强烈，以至于他可以对显而易见的问题做出错误的回答。人们压抑自己的个性，就是为了摆脱孤独，追求大家的认可。可见，害怕孤独实际上是害怕被群体抛弃。

一个人对群体的依赖从他的出生一直持续到死亡。每个重要的人生时刻，都伴随着相关的礼仪或者仪式，从洗三开始，有满月、周岁、订婚、结婚礼，直至葬礼，这些礼仪或者仪式都离不开群体的参与。这无疑加强了人的归属感，让人感觉自己每个重要时刻都有人关注和参与，让人能找到自己的存在感。

从个人的成长角度来说，害怕孤独是由于分离焦虑而产生的。婴儿最早与世界的联系是通过母亲建立起来的。如果一个人在婴儿时期，与母亲的联系少，那么他很容易产生各种心理障碍。尤其是在婴儿长到8个月～11个月的时候，他们害怕陌生的环境，害怕陌生人，有着强烈的和母亲在一起的愿望。如果母亲不在身边，他就会产生分离焦虑。婴儿在18个月以后才知道，即使一时母亲不在他身边，也没有那么可怕，因为母亲很快就会来陪他。

因此，心理学家认为，那些对孤独特别恐惧的人，可能在儿童时期与母亲的联系不够密切，感受不到充分的关爱。所以，当他们在独处的时候，分离焦虑就会涌上心头，感觉没人陪伴是一件非常可怕的事情。

与分离焦虑相对应的一个极端是自我意识没有觉醒。这些人可能在潜意识中认为自己和母亲是一体的，或者认为自己与某些人是一体的，但这种联系被隔断的时候，就会感到自己不知道去哪儿了。拥有自我意识往往与“独立”“自由”这些词相关，但独立和自由却也在某种程度上意味着孤独。对他人过度依赖就是害怕孤独的一种表现。

恐惧孤独还有可能是其他的恐惧所引起的。怕黑、怕安静、怕面对自己的内心都有可能导致一个人害怕独处。只有当有人陪伴的情况下，黑暗、安静才可能被赶走，才能让人暂时免于正视自己的内心。所以，孤独恐惧成为其他恐惧的衍生品。

害怕孤独，并不是一种病

害怕孤独未必是一种疾病，只是一个人的心理感受。如果这种恐惧达到了极致，就可能是孤独恐惧症了。性格脆弱、精神敏感的人都容易产生过度的孤独情绪。内向、害羞、胆小、不能够独立解决精神上问题的人非常容易感受到孤独，有的时候发展为孤独恐惧症，甚至还有自杀倾向。这些人感到缺少关爱，想方设法逃避需要独处的和陌生的环境。

孤独恐惧症的表现有很多，例如：不敢一个人逛街、吃饭，一定要找一个人陪自己；别人说话的时候一定要插嘴，否则就会感觉自己是个透明人；一个人独处的时候感到异常焦虑，感觉生活没有了追求等。这些表现在常人身上经常出现，但不能因此判定很多人患上了孤独恐惧症，只有对孤独的恐惧达到了极致的程度时，才能称得上是孤独恐惧症。

与克服其他恐惧的思路一样，克服孤独恐惧要遵循“怕什么，见什么”的原则。恐惧孤独的人害怕独处，那就要在独处的过程中克服这种心理障碍。想象自己处在一个安静的房间内，没有任何人打扰，没有任何声音。当恐惧感袭来的时候，不要克制自己的内心，不断适应那种不舒适的情绪，直至恐惧感在爆发后逐渐消退。

练习在没有家人陪伴的情况下单独待在一个房间内，学会适应孤独的情绪，让自己认识到自己所害怕的事情并没有发生。学会独立地生活，想要逛街的时候，克制住拉上朋友的冲动，强制自己一个人去。练习一个人去旅游，看到景区中别人都是成群结队地游览，一定不要想自己是孤家寡人，这个时候不要想着自己是个没有朋友的人，是个孤僻的人，甚至是个被抛弃的人。此时一定要忽略那些与“被抛弃”相关的想法，拿起相机请别人帮自己拍照，享受一个人的旅行，将精力集中在那些优美的景色中，而不是想着“独自来旅游的人都是怪人”。

独自一个人时要试着和陌生人交流，比如在公交车上给老弱病残让座，陌生人问路的时候热情地指引，在公园遇到不认识的人主动与之攀谈等。做这些小事的目的是告诉自己：即使我一个人生活，我的生活仍然是有意义的，独处并不一定意味着孤独，每天与人打交道的过程可以证明自己并不孤独。

孤独恐惧症最直接的表现是害怕独处，因为独处的时候最容易感觉到自己被世界遗忘了。这种孤独感首先来自人的身体，无法接受孤零零一个人的事实，其次才是来自心理，感受到自己似乎被这个世界排斥在外了。

克服孤独恐惧首先应该从心理入手。当心中有朋友、有期望的时候，就不会感到空虚，即使一个人的时候也不会感到恐惧。所以，克服孤独恐惧需要扩大交际圈。扩大交际圈不是一步到位的，而是循序渐进的。交一个知心的朋友必然从点头之交开始，然后才能慢慢地了解彼此的爱好，在有共同语言的情况下才能成为朋友。

对孤独的恐惧与不信任有关，总是担忧自己独处的时候会被人抛弃，所以培养对他人的信任感是克服孤独恐惧的方法。与人相处的时候，需要培养彼此之间的信任和依赖。多参与一些集体活动，从与人交往中认识到自己的价值，让自己发现，不孤独不仅仅是有人陪着自己，而是即使没有人陪在身边，彼此的联系也不会变淡。

要让自己认识到亲密不是人际交往的最佳模式，人与人之间的交往需要亲疏有度。科学家们用老鼠做了一个关于群居与独处的实验。在一个原本比较宽敞的笼子中，逐渐向里面投放几只老鼠。在老鼠数量不是特别多的情况下，这些老鼠们还可以和平相处。当老鼠的数量过多的时候，情况就完全不一样了。老鼠变得非常有攻击性，个个都非常疯狂，甚至还会自相残杀。

从老鼠的行为中可以发现，与人过于亲密未必是一件好事，适当地保持独处才能拥有个人空间。有一个成语叫作“物极必反”，长时间与他人腻在一起，会让自己和别人都感到不舒服。

学会度过没有人陪伴的时间，有助于排解孤独感。多发展一些兴趣爱好，做自己喜欢的事可以将孤独的情绪“挤”走，自然就不害怕孤独了。要让自己有一些追求，这样就不会觉得精神世界特别空虚，孤独便不会轻易地占领我们的大脑。

运动可以“消耗”多余的孤独恐惧。人在恐惧的时候会分泌出一种激素，如果保持不动，这种激素就会被堆积起来。只有通过运动，这种激素才可能被消耗。比较有效的运动方式是收缩肌肉，所以如果孤独感袭来，应该试着多走动。

孤独感是不能完全消灭的，只能让自己适应它。孤独是一种高贵的境界，如果孤独和对孤独的恐惧没有将正常的生活扰乱，就应该学会享受孤独，学会独处。因为只有在孤独的时候，才有机会摆脱日常的喧嚣和嘈杂，才能够静下心来，有闲暇的时间好好地反思自我，认真地看清这个世界。

与其逃避孤独，不如享受孤独

身体的孤独从我们脱离母体的那一刻就开始了，心理的孤独从我们认识到自我的那一刻就开始了。虽然每个人都有孤独的经历，但很少体会孤独的妙处。孤独本身并没有好坏，人们却习惯于将孤独归入到了“不好”的那一类，而孤独带给人的好处则需要不断挖掘。

美国心理学家瓦特曾在20世纪60年代做过一个实验，证明能够忍受孤独的人比较容易成功。他给一些 4 岁的小孩子一颗糖果，同时告诉他们：“如果你们愿意等20分钟，那么就再奖励给你们一颗糖吃。”有些小孩子抵制不住诱惑，当场就把糖吃了。有的则等 20 分钟过了以后，吃了两颗糖。这些小孩子在上初中的时候就有了明显的差别，那些坚持不了20分钟的孩子比较急躁、优柔寡断。那些能等待 20 分钟的小孩子则比较独立，富有耐心。

几十年以后，心理学家们又做了一次跟踪调查，发现那些当场就把糖吃了的小孩子在事业上表现平平，那些有耐心的孩子在事业上则比较成功。那些等待了 20 分钟的孩子忍受着更多的孤独，然而在他们成功的路上，需要忍受的孤独不知道是多少个 20 分钟。要想成功就必须耐得住寂寞，所以不要害怕孤独，要让自己认识到孤独带来的好处，并且试着享受孤独。

有一个年轻人总是厌烦父母的唠叨，在社会上结交狐朋狗友。父母劝他应该把心思放在正业上，不要和朋友们混日子。他却说：“我有困难的时候不都是朋友在帮助我吗？你们能陪我一辈子吗？只有朋友才能让我感到不孤独。”

一天，孩子的姑姑从远方回来到他们家做客，父母将这件事告诉了孩子的姑姑。姑姑临走的时候，父母让孩子送姑姑回酒店。姑姑与这名年轻人一边走一边聊，年轻人几次想要回家，但看到姑姑没有停下来的意思，只得继续陪姑姑走。好不容易到了酒店以后，姑姑却说：“已经到了呀！那我送你回家吧！”于是两个人又从酒店往家里赶。

当到了家里的时候，姑姑没有让年轻人回去，而是说：“我已经把你送回来了，你再送我一段路吧！”年轻人无奈，只得和姑姑一路同行去酒店。这一路姑姑仍然没有让年轻人回去的意思，年轻人终于忍不住说：“姑姑，我们这样一直送来送去有什么意思？”这个时候，姑姑对他说：“你还知道呀！那你说说你的朋友们能陪你一辈子吗？”此时，年轻人终于明白：能够与自己走完一生的只有自己。

漫长的人生之路只能一个人独自走完，亲情、友情、爱情只能在一段时间内给我们支持，却不能自始至终都与自己一路走下去。所以，谁也不能一辈子依靠别人，能依靠一辈子的人只有自己，享受孤独就成为人生之路必不可少的调剂。

真正会享受孤独的人是那些隐士们。他们能够忍受山中的清苦，能够忍受青灯古佛的孤寂。作为凡夫俗子，享受孤独的做法不是与世隔离，不是让自己超然世外，而是静下心来仔细地反思。

不能因为害怕孤独而将自我丧失，如果能将精神上的孤独克服，那么就会感到无比的自由。不能让自己沉浸在现代社会的社交中，整日与人虚与委蛇，找不到灵魂的支柱，这才是真正的孤独。从繁杂的环境中解脱出来时，应该好好享受孤独带来的安静，重新审视自己，不要回避自己的内心，想一想自己真实的想法到底是什么，告诉自己不要在纷乱的环境中迷失。

孤独是一个重新认识自己的机会，不要逼迫自己，但也不要逃避，这个时候应该好好调整自我，想一想怎样才能让自己成熟，想一想未来的计划。孤独的时候，试着与真实的自己对话，不要让重新认识自己的机会因为无聊和寂寞而丧失。

孤独的时候因为没有别人打扰，平时喧闹生活中的干扰会自行消失，内心的情感最为丰富，虽然可能感到迷茫，但这份难得的安静最容易酝酿出新的想法。所以，孤独的时候可以享受安静，思考曾经的过往，说不定从中能想出自己平时绞尽脑汁也解决不了的问题。正如蒋勋先生所说："孤独和寂寞不一样，寂寞会发慌，孤独则是饱满的。"

越是抗拒孤独，就越感到不安。与其如此，还不如接纳孤独，利用孤独的时间做些有意义的事。享受孤独，不是为了将世俗生活忘记，不是将各种感情放弃，而是在宁静中进行自我反省，让美好的记忆都留在心底，让浮躁的生活安定一些，让自己的心更踏实一些。

第十四章

恐惧不可耻，无知的恐惧才可耻

——跟恐惧友好相处吧

你是不是自己吓唬自己呢

蛇、老鼠、蟑螂这些动物是人非常厌恶的，而鲜花、可爱的婴儿则是人们非常喜欢的，人们对前者恐惧的可能性要远比后者大。从这种对比可以发现，人们对恐惧的对象是区别对待的。

生活在野外的猴子可能有被蛇咬的经历，所以它们产生对蛇的恐惧是正常的。生活在动物园或者实验室的猴子与蛇的接触不多，甚至根本没有，所以它们对蛇的恐惧要比生活在野外的猴子少。

科学家在野外拍摄了这样一组视频：猴子们的食物放在蛇的附近，但所有的猴子看见蛇以后，都不敢上前取食物，没有一只猴子例外。科学家将这个视频给生活在实验室内的猴子看，实验室的猴子从同伴的行为中学会了怕蛇。技术人员对视频进行了处理，将蛇换成了鲜花，让视频的内容成为野外的猴子惧怕鲜花。实验室的猴子看到这个视频后，并没有学会害怕鲜花。

从这个实验中可以发现，猴子所惧怕的事物经过了筛选，蛇和鲜花都没有给它们造成威胁，但它们却将蛇列为恐惧对象，对鲜花的态度与对蛇的态度截然相反。猴子们有意识地选择了哪些东西是恐怖的，哪些东西是不必害怕的。恐惧是它们自己给自己找的麻烦。对于人类也是如此，有的事物本身对人没有威胁，人们却主观地认为这一类事物是危险的，因此选择敬而远之。

一个刚刚到电器厂工作的工人时刻都担心自己会死在工作岗位上。他每天都工作在高压电的环境下，工厂里的各种防护措施都很到位，他的工友们都告诉他："你担心自己被电死绝对是杞人忧天，我们工作了这么多年，从来没看见哪个人被电死。"尽管如此，这名工人仍然担心自己会死于高压电下。

一天，他触碰到了一根电线，下一秒就立刻倒地死亡了。车间主任感到非常不解，那根电线是备用电线，根本就没有接电源，怎么可能将一个大活人电死呢？车间主任从这名工人的死状看，蜷伏起来的身体是紫红色的，和被高压电电死的尸体差不多。车间主任拿不定主意，只能等法医做出结论。

最后，法医的尸检报告出来了：这名工人身上没有任何电流斑，说明没有高压电从他身体上经过。事情到这里基本有了眉目，这名工人死于他对高压电的恐惧。他每天都生活在高压电的阴影中，心理承受能力十分脆弱。当他触及了那根根本没有通电的电线时，绝望地认为自己即将触电而亡，就这样自己将自己吓死了。

恐惧是人们的一种心理障碍，当人们选择对一种事物厌恶、躲避、害怕的时候，对这种事物的恐惧就已经形成了。人之所以特别害怕某些物体，都有自我暗示的原因。心理学家曾经做过一个实验，证明人们总是选择令人恐惧的事物。

心理学邀请一些志愿者观看图片，将电极安装在他们的身上，不论他们看了哪一张图片，都有微小的电流经过他们身体。这些志愿者们所看的图片有令人喜欢的事物，例如：呵呵笑的儿童、颜色艳丽的鲜花、形状奇怪的蘑菇；也有令人厌恶的事物，包括黑乎乎的蜘蛛、吐着信子的蛇等。

实验人员问志愿者在看到哪些图片后感到了电流经过身体，志愿者们普遍都认为看到了蛇、蜘蛛、老鼠、蟑螂等后感到有一阵电流经过。

从这些志愿者们的表现中可以看出，人们总是将自己不喜欢的事物与恐惧联系起来，某种事物是否会引起人们的负面心理在很大程度上是由人们自己选择的，甚至有的人在没有看到恐惧的事物后，他们都感到不舒服。

对一种事物的厌恶和恐惧已经成为人们精神世界的一部分，以至于当别人一提到这种东西时，就会立刻呈现出警惕和敌对的状态。

在2003年，人们经历了“非典”时期的恐慌；在2008年，汶川大地震的威力让人们对灾害的恐惧又上升了一层。随后的几年中，又出现了玉树大地震、福岛核泄漏等各种灾难。在这种情况下人们对灾难的恐惧变得十分不理智。

有的人总是听信一些谣言，认为自己所在的城市就要地震了，因此处于全副武装准备逃离的状态；有的人认为2012年的世界末日即将来了，赚钱已经没有必要了，于是将自己积攒了多年的钱都花光了，趁着世界末日还没有来，还有机会潇洒一次；有的人在福岛核电站泄漏之后，认为海洋受到了污染，以后没有健康的碘盐了，于是开始大量囤积食盐；有的人认为雾霾是非常可怕的事情，买了很多应对PM2.5的口罩，但却不知道这些口罩是不是真的有防雾霾的作用……

人们对灾难的恐惧越来越疯狂，越来越盲目，甚至已经将正常的生活扰乱了。这些担忧都有一定的庸人自扰的成分。结合自己过去的经验，加上丰富的想象力，让一件事情无限的夸大，直至感觉自己已经被这些事情威胁到了。

宋朝程朱理学的代表程颐曾经说过：“人多恐惧之心，乃是烛理不明。”恐惧由人的内心产生，人们首先相信某一种事物是可怕的，然后才有了各种恐惧的表现，很多可笑的恐惧就这样产生了。人们把自己圈了起来，越是感到不安全，恐惧感就越强。

强大的自信心，让你百毒不侵

自信心是对自己能力、才华的信任。在面对困难的时候，自信心充足的人倾向于选择迎难而上，克服困难的成就感会让他们的自信心更加饱满；自信心越强，困难越是不堪一击；以此形成良性循环。在一般的困难面前，大多数人都会相信自己的能力，认为自己能够坚持，这似乎是人的本性使然。

然而，在某些恐惧面前，很多人的自信心会削弱；自信心越弱，恐惧感就越强；以此形成恶性循环，直至自信心脆弱得不堪一击，灰飞烟灭，恐惧感得以占据全部心灵。

无论是普通人，还是伟人，当恐惧来临的时候，都会不安。有时候，人们在危险面前无能为力，不一定是自己能力不足或者潜力不够，而是因为恐惧已经占满心灵，将自信心消磨殆尽；而自信心的丧失，会使恐惧失去约束，越发猖獗。这种情况下，如果自信心不能及时获得支援和滋养，其重建就变得非常困难。

毫无疑问，恐惧与自信心之间的关系，是相克的关系，是此消彼长的关系。从积极角度说，虽说恐惧可以摧毁自信心，但只要我们想办法重建自信心、强化自信心，恐惧就会被削弱，乃至烟消云散。

一位心理学家曾经做了一个实验，研究人们在恐惧面前的反应。他找到7个志愿者参加这个实验。首先他让这7个人进入一个黑暗的房间再走出去。当这7个人走出房间以后，心理学家将灯打开，让他们看看房间内的布置。这个房间里有一个大水池，水面上有一架狭窄的独木桥，令人生畏的是水中有几条大鳄鱼正在观望，好像只要有人从桥上经过，它们就要扑上去将人吃掉一样。

这7个人看到这里以后瑟瑟发抖，完全无法想象自己刚才是怎样走过去的。此时，心理学家邀请他们再走一次独木桥，大家都有退缩的表现。几经犹豫之下，终于有三个人愿意站出来。但他们的表现和第一次完全不一样。第一个人走得非常慢，在胆战心惊中终于走过了独木桥；第二人在没走几步以后，就被吓得原路返回了；还有一个人在迈出第一步的时候就感到害怕，所以便“出师未捷身先死”了。

看到他们的表现以后，心理学家再次打开了几盏灯。这个时候大家看见小木桥下面有一张安全网，刚才在光线不足的情况下没有被人发现。此时，心理学家问：“还有谁愿意走过去？”这次有5个人表示自己可以尝试，但另外两个人对安全网的安全性非常担忧，仍不敢尝试。

这个实验说明，人在恐惧之下，自信心容易丧失；而自信心重建之后，会抵抗恐惧感。当志愿者们不知道过桥的危险性时，虽然房间是黑暗的，但他们也能够心平气和过去。在发现有鳄鱼这个危险的因素存在时，就不敢再过去了。当得知有应对危险的安全网存在后，他们虽然仍旧感到不安全，但恐惧程度有所降低。对这些志愿者而言，恐惧程度越高，自信心越低；恐惧程度降低之后，自信心会有所恢复。事实上，当自信心获得滋养之后，恐惧感会进一步降低。我们可以想象，当实验者成功地走过一次之后，肯定不会像走过之前那样恐惧了。

自信心的建立和强化并不容易，但只要我们确认了自信心与恐惧之间此消彼长的相克关系，我们就找到了克服恐惧感的有效武器，即建立自信心。

逃避，带不来真正的安全感

逃避是恐惧的核心。为了远离恐惧，人们习惯性地保持戒备，敏锐的感官特别容易发现危险的情境，人们在遇到危险时的第一个反应是逃跑，然后才会想到自己是不是有能力迎难而上。很多人因为恐惧而成为“逃跑专家”。

感到恐惧的人首先要逃避危险的情境。比如害怕蜘蛛的人避免去阴暗潮湿的地方；社交恐惧的人避免去人多的场所；广场恐惧的人尽量不去空旷的地方；驾驶恐惧的人选择除了汽车以外的其他交通工具。情境逃避是最简单、最低级的逃避。

人们还会逃避与恐惧有关的事物。比如一个害怕不能完成销售任务的推销员尽量不去想任务不能完成该怎么办；害怕雷电的人总是远离那些讨论此雷电造成了多少损失的人群；害怕血液和伤口的人绝不看恐怖片。因为直接导致恐惧的不只是恐惧的现场，还有恐惧营造的气氛，包括图片、语言等，所以这些与恐惧对象有关的场景也是人们逃避的对象。

人们还要逃避恐惧带给自己的主观感受。在恐惧对象面前，人们总是感到心跳加快、胸闷、呼吸不畅，大脑里不断想象令自己害怕的事物。比如，一个害怕鸽子的人，在看到天空中飞的鸟以后，感到极端的恐惧。他竭尽全力地告诉自己不要想着那只鸟，那只鸟不会掉在自己身上，不要看见那只鸟……此时，他就在逃避自己的心理感受，试图让自己忽略天空中飞过一只鸟的事实。

身体的感觉也是人们经常逃避的对象，不过在有的恐惧情境中，人们过于在意身体的反应，比如赤面恐惧、呕吐恐惧等。

逃避给了人们暂时的安全感。虽然这种安全感是短暂的，但人们在这短暂的时间内感受到了平静和安心。

杰斯从来不敢看他人的眼睛，看他人的眼睛让他感到非常不自然，焦虑的感觉会随着对视时间的增加而越来越强烈，哪怕是熟人也是如此。他深受对视恐惧的影响，所以为了避免与人对视，他想到了很多“行之有效”的方法，主要包括：戴上深颜色的墨镜；将帽檐压低一些；把刘海留得长一点；如果实在没有遮蔽物，那就看别人眼睛旁边的物体，比如窗帘、眼镜框；尽量避免面对面交谈，谁也不能认为两人并肩行走说话是不应该的不是？

在刚开始他对自己的这些小发明扬扬得意，认为这样做了以后他再也不害怕看别人的眼睛了。他感觉自己的眼睛不能被人看见，自己被帽子“保护”了，焦虑的感觉减轻了。后来，大家都知道他在想方设法逃避与人的目光对视。

杰斯发现大家总是盯着隐藏在帽子下面的他看，这和眼神对视似乎没什么本质区别，此时他又感到焦躁不安了，因而杰斯感到自己对目光的恐惧不减反增。为此，他便再找一个可以不用看人目光的方法，不过他新找到的方法却再次在成功不久后失败。

对于害怕暴露自己隐私的社交恐惧者，可能与杰斯有过同样的经历。首先，他们认为与人谈话中可能将自己的隐私暴露，这对以后的安全生活会带来不利影响。那么与人交谈中就尽量东拉西扯，但绝对不提及自己真实的事情。但其他人想要了解他，于是开始追问，越是不做出正面回答，对方就越是追问，无奈之下回答了对方的问题，反而觉得暴露隐私给自己带来的不安更加强烈了。

像杰斯这样的回避行为属于显性回避行为，有的人将自己的逃避伪装起来，让人看起来他没有逃避，实际上他只是伪装得很好而已。比如，一个害怕猫的人，不想陪朋友去宠物店，但他却不想将自己的恐惧表现出来，于是就对朋友说：“不要养宠物了，宠物容易传染疾病。”“你将来可能要面临很麻烦的卫生状况。”“我不太喜欢猫这种宠物。”他的掩饰性成分很强，没有直接说出来“我害怕猫”“猫让我感到非常不舒服”。

不管是显性逃避，还是隐性逃避，逃避的最初目的是保证自己的安全，远离危险的事物，但这都不是真的让人克服了恐惧感。逃避让人不知道自己对恐惧的忍受程度是什么样的，当恐惧感上升到一定程度并爆发时，人们的恐惧感可以被克服，显然逃避让人失去了克服恐惧的机会。

逃避让人在一时感到了安全，但从长久来看，人们丧失了了解恐惧对象的机会，恐惧感反而可能因此而强化。对于那些正在使用心理方法克服恐惧感的人，逃避让他们克服恐惧的效果大打折扣。心理学家发现，那些参加心理治疗的恐惧症患者中，适应恐惧感的人要比那些试图远离恐惧感的人更早地克服恐惧。

恐惧在大脑中的运行方式，已被科学家掌握

人的感情和行为都是由大脑控制的，恐惧感也不例外。恐惧感是由大脑中几片区域共同控制的。为了更好地了解大脑怎样控制人的恐惧感，有必要先了解大脑这几片区域的结构。

海马体位于大脑的左前方，因为形似海马而得名。海马体是大脑中负责记忆和学习的一部分，如果切除了海马体，人的长时记忆就会出现问题。人身体的各个感官负责收集信息，并且将收集到的信息传递给大脑中的神经元，神经元又将这些信息传递给海马体，如果海马体对这些信息有回应，这些信息就会被存储起来，形成瞬时记忆或者短时记忆。海马体在多次受到某种信息的刺激以后，就会长久保留这些信息，因而形成长时记忆。当人需要某段记忆时，海马体就会将这部分信息提取出来。如果某一段记忆不经常使用，就会被海马体删除。这个过程有点像将资料存储在计算机的硬盘中，需要的时候调取出来，不需要的时候就将它删去。海马体的运行机制不受人主观意志的影响。

人的大脑皮层是大脑中功能最高的一部分，它被分为好几个部分，前额叶皮层就是其中之一。前额叶皮层是眉毛上部的大脑皮层。额叶负责人类的高级认知，包括语言、思维、运动等，而且有向人的身体发出指令的功能。如果人的前额叶皮层受到损害，人的短时记忆会受到影响，而且人还会因此变得行动迟缓。

杏仁体是大脑颞叶中的一部分神经元组织，因为形状类似杏仁而得名，也叫作类扁桃体。杏仁体与海马体紧密相连。大脑中的杏仁体在左右脑各分布一个。大脑杏仁体主管人各种情绪，包括：恐惧、愤怒、焦躁等。科学家为了发现杏仁体的功能，曾在动物的杏仁体上做过实验。

他们将猴子的杏仁体用麻醉药破坏以后，将猴子和蛇放在一起，观察猴子的反应。猴子本来应该是怕蛇的，但是被破坏了杏仁体的猴子根本不害怕蛇，它们甚至还把蛇当作玩具玩，就连那些曾经被蛇咬过的猴子也不例外。被破坏了杏仁体的老鼠也不害怕它们的天敌——猫，甚至敢用爪子触碰猫的耳朵，正常的老鼠是绝对不敢这样做的。但是如果科学家用电流刺激老鼠的杏仁体，它们的恐惧感就会变得非常强烈。

科学家曾经用仪器扫描人的大脑皮层，观察大脑皮层各个组成部分的活动情况。正常人在当众讲话时都有一定程度的怯场，这属于正常的恐惧。社交恐惧症患者在当众讲话时的怯场是过度的恐惧造成的，有时候甚至根本不能被人们控制。

科学家通过仪器扫描发现，社交恐惧的人在讲话时，大脑中的杏仁体异常活跃，供氧量和供血量都比较多，而大脑的其他部分供氧量却不多。这是因为社交恐惧者恐惧的情绪特别强烈，他们大脑的杏仁体占用了其他部分应该拥有的血液和氧气。在当众讲话时不感到恐惧的正常人则与之相反，他们大脑中的杏仁体比较活跃，但是大脑皮层中的其他部分也比较活跃。人在说话时需要大脑中的诸多部分相互配合，所以很多块大脑皮层都处于活动状态，不止有杏仁体处于活跃状态。

海马体、杏仁体、大脑前额叶皮层都是大脑中与人恐惧感相关的部分。这三者之间在调控人的恐惧时是相互配合的。

首先，人的视听感官发现外界危险的事物，比如发现有人在注视自己，这可能是一种危险；视听感官对这种危险的判断传递给大脑中的杏仁体，杏仁体对人的感官发出警报：小心这个人，他可能对自己不利。但是杏仁体不能做出是否危险的判断，判断是否危险的区域是海马体、大脑前额叶皮层。海马体在接收到信息后，在自己的“内存”中搜索有关的信息，认定这个人是熟人，不会对自己造成危险，可以解除警报，那么负责指挥人行动的前额叶皮层就会让警报解除。海马体也可能做出危险的判断，这个人似曾相识，但不清楚他是不是有恶意，需要继续保持警惕。此时前额叶皮层就会做出决定：分不清是敌是友，需要小心谨慎。

人的身体和情绪就会产生各种恐惧反应，例如：手心出汗、心跳加快、全身紧张、想要逃跑等。但有的时候，海马体和前额叶皮层不能阻止杏仁体发出危险警报，那么人的恐惧感就会非常强烈，即使在熟人的注视下也会显得紧张不安，而且会得出错误的结论：这个地方人太多，我实在受不了他们看我的目光，我还是离人群远一点吧，我再也不到这里来了，以后我看到这个人还是自觉躲起来吧！此时，人的恐惧是失控的，这就有可能形成病态的恐惧或者恐惧症。

这个过程可以解释一般情况下恐惧在大脑中的形成原理，不过有一些例外情况是无法解释的。人有的时候会无端地感觉到恐惧，这可能不是受大脑控制的。例如突然受到惊吓而引起的恐惧。还有一种例外也不能被解释，人的恐惧感可能会复发，在一次活动中认识到某个事物没有危险了，但下一次见到它可能还会感到恐惧。

不可思议：“信念疗法”可以改变大脑结构

大脑中负责人恐惧感区域的主要有：海马体、杏仁体、大脑前额叶皮层。其中，直接与恐惧相关的是杏仁体，海马体的功能是记忆和搜索，大脑前额叶皮层负责调解人的行为。因此，通过改善这几部分构成的功能和它们之间的关系，也就是通过改变大脑结构，可以克服恐惧感。

杏仁体是负责恐惧感的指挥中心，克服恐惧感可以从杏仁体入手。恐惧感泛滥的原因是杏仁体不受控制地传递出警报信息，而大脑前额叶皮层却不能有效地阻止杏仁体放出这种消息。杏仁体与大脑前额叶皮层之间的关系是不平等，杏仁体的势力更强一些，那就需要想办法让大脑前额叶皮层的能力压倒杏仁体。

大脑之间的神经元之间用突触连接起来，形成一个神经元网络，两个突触经常受到刺激，那么它们之间的联系就会被强化。如果它们受到的刺激不强，这种联系就会弱化。从杏仁体的强势地位和大脑前额叶皮层的弱势地位可以发现，杏仁体到大脑前额叶皮层的连接要远远多于前额叶皮层向杏仁体的连接。所以，为了克服恐惧感，就需要改变两者之间的不平等地位，促使前额叶皮层向杏仁体的连接增多。

有什么方法可以改变大脑中的结构呢？首先能想到的最直接的方法就是手术，不过这种可行性只存在理论上，实际操作起来并不现实。其次可能会想到的方法就是药物，也就是使用药物修复大脑中的神经元，但是这种方法的可行性和效果还有待证实。目前治疗恐惧的药物的功能主要围绕着镇定人的情绪，缓解焦虑感，将恐惧感暂时“隐藏”起来进行。

那么能够有效改变大脑前额叶皮层与杏仁体之间结构的方法就是信念了。也就是说当恐惧感来袭的时候，使用正确的信念战胜恐惧感，并且经过多次训练，这样才能刺激大脑前额叶皮层向杏仁体的连接，促进两者之间的地位向平等的方向发展。这是个用正确的信念代替原有的错误的信念的过程。简单地说，让一些积极的想法压过恐惧的想法，经常进行类似的思考，大脑的前额叶皮层就会处于活跃状态，就可以建立起新的连接。长此以往，前额叶皮层的力量就会超过杏仁体，恐惧感就可能被消灭。这里的关键是需要多次重复，才能让前额叶皮层占有绝对优势。

科学家们发现，冥想可能引起杏仁体的变化。有 16 名人员参加了为期 8 周的信念减压疗法训练，训练结束后，科学家用核磁共振技术对他们的大脑皮层进行了扫描，将扫描的结果与没有参加这项训练的人的大脑皮层扫描的结果进行对比。对比的结果是，参加训练的人员杏仁体中的灰质比没有参加训练的那些人要薄一些。也就是说，通过冥想，大脑的结构可以被重塑，这样可以缓解和治疗一些精神障碍，让人的精神生活更加健康。

科学家们还发现，让大脑学习新的知识，能够改变大脑的结构。海马体负责人的记忆，大脑在进行回忆时，脑细胞神经元的突触会延长，大脑的这种结构性变化是为了加强这段记忆而服务的。突触的延长使这部分记忆更加持久。恐惧可能是一种强烈而持久的记忆，如果回忆起恐惧的事，那么这种恐惧可能让人更加记忆深刻。虽然科学家们没有研究出具体的通过学习和记忆的方式战胜恐惧的方法，但这不失为一条可行的路径。

从大脑中负责恐惧情绪的各功能模块的运行机制可以发现，克服恐惧感需要用积极的、正面的信念刺激大脑，从而改变大脑中杏仁体一家独大的局势，这是从生理机能上克服恐惧感的思路。

药物治疗的优缺点

恐惧是人常见的一种心理，只要恐惧在合理的范围内，都可以不必理会它。然而有些人的恐惧感已经到达了恐惧症的程度，也就是过度的恐惧，并且影响正常生活，这个时候就需要治疗了。

恐惧症属于一种精神性疾病，或者说是一种心理疾病。治疗这类疾病的最好方法是心理治疗，只有当恐惧的反应非常强烈的时候才需要使用药物。除了这个原因以外，恐惧症患者可能由于对恐惧症的认识错误而选择药物治疗，例如，有的人认为只要是“病”，就需要看医生、打针吃药；有人认为接受心理治疗耗时长，自己没有足够的时间看心理医生，所以选择药物治疗；也有人因为心理治疗的成本太高，就退而求其次，选择使用药物治疗恐惧症。

治疗恐惧症的药物大致可以分为中药和西药，其中以西药为主。中医认为，人之所以恐惧，是因为心、肝、胆、肾有所亏损，因而气血不足，所以中药治疗恐惧症的药方大多是滋补肾阳、肾精或者补心脾的药物。治疗恐惧症的西药可以分为两类，一类是抗焦虑药物，也就是常说的镇静剂、安慰剂，还有一类是抗抑郁药物，虽然恐惧症患者未必都患有抑郁症，但抗抑郁药物在治疗恐惧症方面是有一定效果的。

抗焦虑类药物的效果体现在能让恐惧症患者的情绪有所好转。镇静剂的作用并不是直接将恐惧症的根源去除，而是缓解恐惧症患者的症状，让他们害怕的感觉不那么强烈，使他们感觉自己的恐惧感减轻了，药物起了作用。

抗抑郁类药物要比抗焦虑类药物更受医生们欢迎。有些恐惧症患者在使用了抗抑郁药物以后，发现自己的恐惧程度不那么强了，他们甚至有时可以与自己恐惧的事物接触，这有利于从根源上克服恐惧感。

使用药物虽然有见效快的优点，但它的缺点非常多。如果没有正确地使用药物，可能还要面临更大的麻烦，所以使用药物的缺点根本不能忽视。

药物治疗不能够根除恐惧症，一项针对 22 名恐惧症患者的临床试验证明，使用森田疗法治疗恐惧症的成功率为 41%，使用药物治疗的成功率只有 11%。这项试验说明，森田疗法治愈恐惧症的成功率要高一些。

其实，无论使用哪一种心理疗法治疗恐惧症，成功率都比使用药物的成功率高。因为心理治疗方法的目的是让恐惧症患者从认知上改变对恐惧对象的看法，让他们不要逃避恐惧对象，并且试图接触恐惧对象。这种治疗方式直接作用到恐惧症的根源。

但是药物治疗只能治疗恐惧症的症状，缓解神经系统紊乱，控制人身体的不舒适感，对产生恐惧症的根本原因毫无作用。因为对于镇静剂类的药物来说，治疗恐惧症的机制是“堵”，当人们感到恐惧的时候，依靠这种药物，恐惧感会被压下去，但并没有完全消失。如果再次遇到恐惧刺激，那么恐惧感就会再次袭来。如此下去，人们就会对药物形成依赖。镇静剂在大脑中的作用点是杏仁体的出口处，也就是正好将恐惧感暂时堵起来，让杏仁体不能发出恐惧警报。但当遇到更大的恐惧刺激时，恐惧感还会爆发。

除了不能根治以外，使用药物还有其他缺点，首先是药物成瘾。不论什么药物，只要使用过量，人体都会对这种药物形成免疫。所以在一种药物刚开始被使用的时候，人们能感到效果不错，但是随着使用次数的增加，效果就没有刚开始那么好了，似乎药物的功效也遵循边际效益递减规律。

抗抑郁药物在治疗恐惧症的同时，可能会给身体带来其他不适。一般来说，在开始服用的时候会有恶心不安的感觉。不同的药物可能有不同的副作用，医生们已经发现的副作用有：厌食、发胖、恶心、眩晕、掉头发、出虚汗、身体浮肿、步态不稳、精神萎靡不振、记忆障碍等。而且，当人们停止服用某种药物以后，甚至将停药后的身体感觉当作不正常的，并且对此特别担忧。

使用药物还可能对心理治疗的效果有干扰作用。心理学家曾经让飞行恐惧症患者参加实验，心理学家们对他们恐惧症的治疗采用暴露疗法加药物疗法的方式进行，并且希望能对比出心理治疗和使用药物治疗的效果。一共有 28 名恐惧症患者参加了这项实验，他们被随机分成两组，一组使用药物，一组用心理治疗的方法。

当他们第一次坐在飞机上的时候，使用药物的第一组的恐惧感要比没有使用药物的一组弱。过了一周以后，心理学家让他们进行第二次乘飞机练习。在这一次飞行中没有使用药物一组成员的恐惧感要比使用药物一组弱。心理治疗组成员的恐惧感相对于他们第一次飞行时明显减弱了，但使用药物一组的恐惧感却比他们上次飞行时增强了。

从飞行恐惧症的实验中可以发现，药物在使用不当的情况下，可能干预心理治疗的结果。

尽管药物治疗存在诸多问题，但治疗恐惧症仍然不能排斥药物。在治疗恐惧症的过程中，药物始终是配角，只有当恐惧感强烈到没有办法控制的时候，才能使用药物缓解人们的情绪。这是药物在治疗恐惧症中最能起作用的地方。除此之外，治疗恐惧症应该以使用各种心理疗法为主，包括认知重建、满灌疗法、森田疗法等。因为要想根治恐惧症，不能认为恐惧症的症状治消失了就是治疗结束，最终的目的是让人们能够改变对恐惧事物的看法，能够正视恐惧的事物，直面令人恐惧的情境，不再感到害怕。

哪些原因会导致克服恐惧失败

只要恐惧情绪没有严重影响日常生活，就可以对它不必理会，反而还要感谢它让我们学会保持警惕或者做好准备。比如，死亡恐惧、灾难恐惧可以促使人们更好地珍惜现在的生活；婚姻恐惧提醒人们应该做好准备，迎接新的生活。只有那些特别严重和影响生活的恐惧才是需要克服的。克服恐惧的两个思路是改变对恐惧的想法和接受恐惧对象的刺激。如果已经按照这两个思路练习克服恐惧，却收效甚微，可能是什么原因呢？

有人在接受恐惧刺激后，不但没有克服原来的恐惧感，反而让恐惧的情绪更加强烈了，那可能是接受恐惧刺激的强度太强或者太弱。接受恐惧刺激的过程都是由易到难的，不可能突然就克服等级最高的恐惧。对于恐高的人来说，如果让他们突然站在 100 层楼的楼顶，他们可能被吓得一动不动，但如果让他们站在桌子上，那么虽然会感到害怕，但这种害怕不会让他无法接受。反过来，如果他一直练习克服站在桌子上的恐惧，即使让他坐在二楼的阳台上，他也会感到害怕。

使用接受恐惧刺激的方法时，每一次受刺激的时长和频率都是有要求的，不按要求行事，练习的结果就会不理想。

每次接受恐惧刺激的时间不能太短。当恐惧感特别强烈的时候，只有在每次接受恐惧刺激的时间在 45 分钟以上时，这种恐惧感在当时才可能下降一半。所以，将克服恐惧当作业余爱好来对待，有时间的时候就多练习，没时间的时候就少练习的做法是不可取的。

当然，每次接受恐惧刺激练习的时间也不能太多，否则就会让恐惧感一直上升，人也会感到精神疲惫，因此必要的休息也是应该考虑的。比如，一个人要想克服对狗的恐惧，让他与狗面对面待一天，他必然感到疲惫，从而使恐惧感更加强烈。但也不能走上另一个极端，为了尽早摆脱坐在对面伸舌头的狗，与狗接触了一会儿就“逃命”去了。显然这两种做法都不会有好效果。

接受恐惧刺激的训练应该是完整的。有个想克服广场恐惧的人试图让自己穿过马路再穿回来。如果他过了一半的马路就穿回来，那就不算一次完整的过马路又回家的经历。对于一个想要练习和陌生人说话的人，他应该尽可能地多说一会儿，或者至少应该超过一定的时间，不要给自己找一个“他很忙，没时间理我”的理由。半途而废的做法是不能彻底克服恐惧的。

接受恐惧刺激的训练应该是多次而且递进的。假如一个幽闭恐惧的人练习被锁在衣柜里，他有两种方案，第一种方案是每次被锁的时间分别为 10 分钟、20 分钟、30 分钟、40 分钟、1 小时，总共 5 次；第二种方案是一次性锁在柜子里 2 个小时，从此以后再也没有这项练习。

显然第一种方案的做法要好一些，人们可以从待在柜子里的时间逐渐增加的过程中找到自信，而且恐惧感随着时间的增加容易被一点点克服，多次练习还可以巩固练习的成果。但第二种方案的做法就显得过于急切了，一是很难保证第一次能在被锁起的柜子里待两个小时，二是没有巩固提高的过程。

在接受恐惧刺激的练习时使用药物、酒精、咖啡，或者面临其他健康问题，克服恐惧的效果会大打折扣。使用药物本身就是一个救急的方法，也是一种“不可持续”的方法，所以在进行接受恐惧刺激的练习时，最好不要使用药物。

接受恐惧刺激练习中失败的原因可以归纳为没有制定好一份完整而行之

有效的计划。因为心理因素而导致克服恐惧失败的原因可以归纳为意志力不够。用改变认识的方法克服恐惧感的基本做法是努力让自己相信“我的想法是错的，××的做法才是对的”，新的正确想法没有战胜旧有的错误想法，是旧的错误的想法在潜意识中还占有很大的分量，这时应该借助意志力将曾经的错误想法清除，让有利于克服恐惧的新想法占领大脑中的“高地”。